邱仁輝

做一件一輩子想起來會笑的事 :D

邱醫生「馬背上醫生」三十年全紀錄

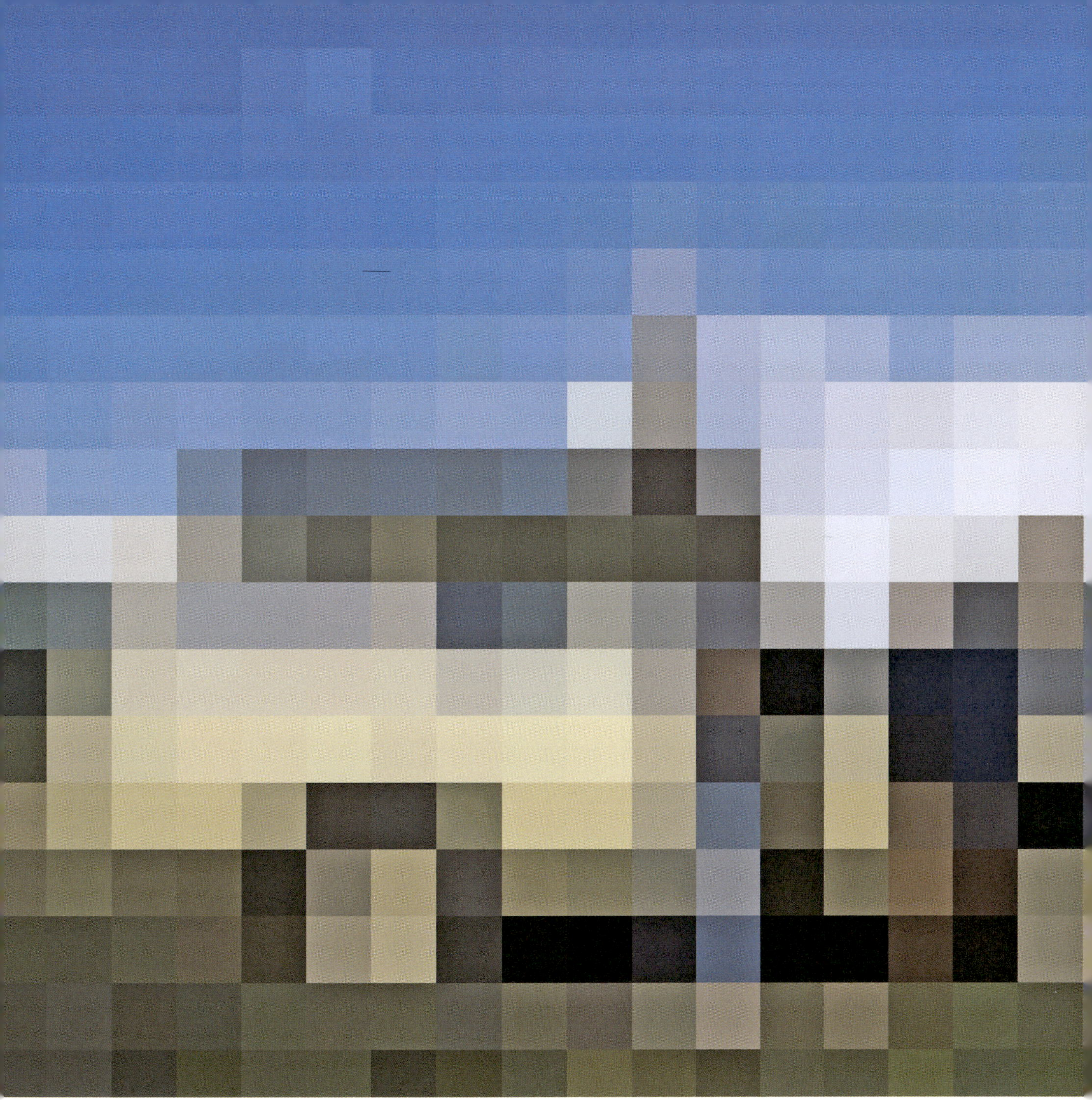

不知迷路為花開
—寫在「馬背上醫生」計畫執行三十年

經典雜誌總編輯
中華藏友會祕書長
王志宏

邱醫師的自序中的豪賭其實有兩件，其中一件他已寫明，始作俑者的我早已承受了多年來靜紅（邱夫人）的指責，這部分我就選擇不再作聲了。但真正的豪賭他沒說明，本持真誠原則，還是得告訴大家：與邱醫師的認識，於一九九三年的四川涼山州。當時我因原訂參加的一趟穿越羌塘的大旅行延宕，得空從昆明去參加了老友林添福組織的台灣攝影團。這個攝影團的組成都是攝影的業餘愛好者，從建設公司的大老闆、企業董事長到知名中醫師等，當然還有邱醫師。當時的涼山州裡的幾個縣城招待所可是簡陋，所以這群平日在台灣職場縱橫，從白天到晚上都不停歇的大佬們，到了傍晚可是按捺不住彼此大眼瞪小眼，所以有人拿出撲克牌出來，邱醫師耐不住大家的慫恿，於是加入人生的第一次牌局。當然牌局要有賭注，其中不知道哪個仁兄出了主意，不用鈔票反而拿各自的膠卷來當籌碼（膠卷在當時中國算是珍貴資產）。結果邱醫師連照片都還沒拍，就把所有膠卷都輸掉了⋯⋯（是不是當時以供給底片為要脅，強迫他幫我一起來執行醫援藏區的計畫，這點我倒是記不清楚了。）不過那趟旅行後，我們彼此熟稔，他曾讀過我發表過的青藏高原的報導，對藏區有著高度的興趣，當然一心思索著如何對藏區有些幫助，有了醫療背景的邱醫師，就成了我最重要的夥伴了！

青藏高原迷人之處也在於其獨特藏文化，包括藏傳佛教等文明，以及絕對的地理高度所孕育出的季移牧民與獨特的生態環境。但是獨特的原因就是因為不容易親臨，高原反應與交通不便是最大克服的課題。記不清多少次的山崩繞路、搭著宛如蹦蹦車的小北京吉普連夜趕路；與初謀面的藏民在帳篷中，豪情地用刀割取水煮犛牛肉，酥油茶配糌粑、入夜更得以酒會友，在四千公尺的高原上一起體會醉酒的瀕死經驗。當然騎馬高原露宿野營、或是五千公尺上轉山岡仁波齊的失溫，彼此扶持的經驗，林林總總，沒有三天三夜也說不清。但說也有趣，藏族朋友都認為我倆在台灣一定常碰面。但持續三十年的計畫期間有好幾年，我們唯一碰面的時間是在桃園機場離境準備進藏區的當天，等一回到台灣，又彼此各忙各的。他負責醫療專業項目，我則負責經費行政與後勤等。基本上不用過問其他，我只消敲定入出藏區時間，然後他就準時出現，多年旅行培養的互信，應就如此。

邱醫師是理性與感性兼具的雙子座，這也解釋出為何在嚴謹的外科生涯裡，會在學術領域選取相對充滿不確定性的傳統醫療。對高原上「馬背上醫生」項目，包括教學與器材與藥品的贈與等醫療專業，是邱醫師的主要任務，對他來說早是輕鬆駕馭。但他長期從中觀察當地的傳統藏醫療法，並帶回台灣研究室做更深入的研究工作，從九〇年代中期開始的理塘氟骨症到蟲草藥理分析到藏族的傳統火灸等一篇篇的傑出論文，也成了他的學術研究生涯的亮點。

而充滿感性的他又能在門診、手術、教學與研究之餘，更勤於筆耕，搭配藏區的攝影作品，洋洋灑灑地一本本著作出現。

邱醫師說的豪賭，三十年後來看，除「馬背上醫生」計畫的有效執行外，學術上與藝文中，應算成是「連一拉二」大贏家。唐李商隱〈中元作〉：「曾省驚眠聞雨過，不知迷路為花開。」如果「豪賭」當成是「迷路」，但他這個歧途，可是有著意外美好的經驗。

It's been a great ride! 也感恩三十年有您同行！

CEPEK

令人感動而微笑的儒醫人生

今年二月初，一個剛過立春還春寒料峭的午後，口袋裡的手機震得嚇我一跳，還以為是要確定開會的一般電話。沒想到接起來，遠端傳來既陌生又熟悉的聲音，是邱仁輝教授。說陌生是因為很久沒有連絡了，大約有一年多吧！說熟悉是因為過去邱教授從西醫投入中醫的研究，與我有很深遠的淵源。他在陽明大學傳醫所任教的時候，我的小孩在他的實驗室跟著他做實驗，當時他們正在做溫灸療效在活體的機轉研究。有一次我遇見邱教授很好奇地問他：「很多國內外做針灸研究的學者都做針刺的研究，你怎麼會想做灸療的研究？」

「因為大家都做一樣的研究，就沒甚麼原創性了。而且大陸韓濟生教授的針刺研究已經是世界首屈一指，很難超越。我們做不同方向的中醫灸療機轉研究，才能迎頭趕上超越他們。」他很鄭重地解釋他做灸療的理由。

這讓我對初見面的邱教授，有著跟其他醫生很不同特質的印象。

中央研究院院士
中國醫藥大學講座教授
中國醫藥研究發展基金會董事長
林昭庚

果不其然，往後邱教授的研究團隊不斷地在國內中醫會議上，發表新穎的灸療機轉，也在國際相關領域發表一系列的科學論文，嶄露令人刮目相看的實力。有鑑於此，在我受到國際知名 Springer 出版社的邀請，出一本由我主編的《實驗針灸學》(*Experimental Acupuncturology*) 一書中，我特別邀請他貢獻一篇灸療機轉的研究 (Experimental models for mechanistic studies of moxibustion)。在我的心目中，邱教授不僅是台灣研究灸療的先驅，也是世界級的灸療機轉研究的學者。

隨著認識的時間越長，我對邱教授的了解越來越深，也發現邱教授給我的驚奇，不只是會研究灸療而已。近幾十年間，印象中只知道他每年夏天都會去青藏高原執行培訓當地基層村醫的項目，但是詳細內容不是很清楚。

「因為大約在二十幾年前，我在藏區看到當地的村醫幫牧民治療右上腹部疼痛（可能是膽結石），村醫讓牧民露出右上腹，右手拿起燒紅的焊鐵，左手指沾旁邊袋子裡的東西（後來才知道是青稞粉），點在牧民的右側日月穴，之後將燒紅的焊鐵在沾著剛點過青稞粉的日月穴點下去。時間很短，可是明確的可以聽見「ㄘ」「ㄘ」「ㄘ」烙鐵燒灼在皮膚上的聲音。這輩子可是第一次看到沒有「艾草」的火灸療法。也因為看到這一幕，心想是否在日月穴灸療就能夠治療膽結石嗎？機轉是甚麼？所以回到台灣就開始設計動物實驗做灸療機轉的研究。運氣很好，經過十幾年的深入研究，終於發現中醫灸療的治病機轉。」

聽著邱教授講述著他的國際知名的研究竟然始於一張右上腹部有灸痕的藏族牧民照片，這也是邱教授打電話給我為他的新書寫推薦序的原因。他認為這張照片與他的新書很有關係，而這張照片也解開了中醫千年以來的治病傳說之謎。看了邱教授的照片圖文集，才發現他不只是科學研究者，也是一位愛好攝影的行家，看了他的照片往往會讓人感動不已，這是邱教授給我的第二個驚奇。

在深入了解邱教授的藏族基層醫療計畫，才知道「馬背上醫生」醫療計畫自一九九六年在四川省甘孜州理塘縣揭開序幕，於二〇〇九年轉到青海省玉樹州繼續執行。即便在二〇二〇年底新冠肺炎肆虐下，計畫也利用遠端視訊的技術，搭起了青藏高原與台北盆地「無遠弗屆」的培訓課程。在這些年中，藏區十五歲的女孩卓瑪手腳因化膿而去打卦建議要截肢。經邱教授他們審慎評估決定是「以不截肢為主要目標，盡量幫助卓瑪在縣立醫院或下山到康定州立醫院醫治」。這個決定也讓邱教授完成了《挖蟲草的女孩》一書。

邱教授的新書《做一件一輩子想起來會笑的事》，記錄了他在藏區三十年的基層醫療與神山、聖水、村醫與牧民的互動，正如同書中的章節一樣，有著風、土、人、情的驚奇與溫暖。每張照片都有著一個動人的故事，每個故事都訴說著美麗的人間傳說。邱教授台灣行醫之餘，不僅讓世界看到台灣中醫的研究實力，也每年奉獻青藏高原的基層醫療計畫近三十年。這是邱教授給我的第三個驚奇。誠如書中「曲批」活佛對邱教授說：「有了村醫，老鄉們有病都會去看他們，醫療情況改善很多，他們都很謝謝你們。你們現在做的事，以後想起來都會笑的……」

我相信當我們翻著邱教授這三十年來嘔心瀝血的圖文紀錄，一定會讓我們跟著他的心路歷程走過這「做一件一輩子想起來會笑的事」而莞爾一笑。特此推薦。

邱醫師的青藏情緣

如果要找一個地方，去一次就永生難忘，還想去一趟，那就是青藏高原；如果要找一個人，他半醫半教、允文允武、理性感性兼具、深獲病人與讀者的喜愛，那就是本書作者邱仁輝，因為他集醫師、作家、教授、志工於一身的奇葩。

一九九五年，四川甘孜藏族自治州理塘縣毛埡壩草原上的一道彩虹，開啟了邱醫師與青藏高原的三十年情緣。三十年來，每年時間一到，他就會想念青藏高原的人們，想回去看看。這讓我想起傳奇的西藏詩人也是神祕多情的活佛——六世達賴喇嘛倉央嘉措的一首詩：「潔白的仙鶴啊！請把雙翅借給我，不飛遙遠的地方，只到理塘轉一轉就回來。」理塘平均海拔四千二百公尺，是茶馬古道的重要驛站，藏傳佛教的天空之城，仙鶴留戀的淨土，更是邱醫師勇於奔赴的青藏高原美樂地。這本書是高原醫療培訓計畫執行的側寫，發掘青藏高原醫療與公共衛生的困境，也描繪了高原的風土人情，還有邱醫師獨到的觀察、經歷與感懷，字裡行間、照片背後，有作者的深情與祕密風景。這是一本認識青藏高原的入門書，也是值得推薦的圖說報導作品。

資深媒體人／文字工作者

電視製作人／紀錄片與廣告導演

作品曾獲金鐘獎電視新聞採訪獎

曾虛白先生電視報導公共服務獎

休士頓國際影展紀錄片白金牌獎

曾萬

我在電視媒體圈服務三十多年，製作過不少節目與紀錄片，對於邱醫師這樣的人物特別感興趣。因為受到邱醫師的大作《挖蟲草的女孩》感動，特別請邱醫師帶我走一趟青藏高原，原本以為是踏勘之行，後來成了感動之旅。二〇二三年六月，我們踏上征程，循著三十年前邱醫師走過的足跡，一起越過一重又一重的高山縱谷，川藏交通雖已大幅改善，但是高山反應和長途跋涉的顛簸，仍是此行的硬功課。重回理塘，最難得的是看到了九年不見的《挖蟲草的女孩》一書當中的主角格桑卓瑪，十五年前，她差一點截肢，是「馬背上醫生」團隊以醫學專業判斷，救回她的雙腿，當年挖蟲草的女孩現在已經是三個孩子的媽，看到邱醫師相當激動，卓瑪一家人以隆重的藏族歡迎方式，獻上哈達、拿出美食，熱誠地接待我們。卓瑪的小女兒拉姆還說，長大她也要當醫生服務家鄉，邱醫師當年在理塘播下的種籽，顯然已在藏區發芽。

青藏高原之旅，讓我進一步看到邱醫師既有溫暖的心、更有冷靜的腦，他博學謙虛、敏銳細膩、好學而有童心，對於藏族文化與高原風情，有深入的觀察與研究，信手拈來如數家珍。邱醫師可以雀躍地趴在大壩草地上，守候陽光等待動物出現、捕捉藏民與犛牛的姿態表情；巧遇藏族婚禮時，他有如親人辦喜事一般雀躍萬分，相機快門按個不停；當他走入理塘長青春科爾寺，虔敬得有如沉浸在玄奧神話與宗教之中的藏民，他用拍得的佛像做成紀念品送給寺院，把無意間得到的稀有唐卡交給活佛帶回長青春科爾寺；當邱醫師重新踏上虹霓天啟的毛埡壩草原，看到興建中的雅林段川藏鐵路（雅安到林芝），他內心糾結情緒激動草原，繞行白塔靜默許久，因為一方淨土即將迎來更多人潮而造成高原的汙染；而當座車穿過海拔四千二百九十八公尺的折多山埡口時，他的思緒立馬倒轉到三十年前，回想訴說那沒有318國道公路前的山險路遙與天路奇景。邱醫師每次造訪青藏高原，一定會帶著相機，瘦小的身影，經常穿梭在草原、村鎮與寺院，邱醫師用他的熱情與感性，用他的細膩與耐心，紀錄高原的風雨陰晴和季節變換，用照片和文字勾勒描繪高原的風土人情。

離開理塘前一晚，熱情的康巴青年多吉帶我夜遊七世達賴喇嘛出生地仁康老街，古屋門楣上有一行字「遇見你是我的緣」。能遇見邱醫師是多難得的緣分啊！活佛詩人倉央嘉措說：「最好不相見，便可不相戀；最好不相知，便可不相思。」但既已遇見，塵緣就現。邱醫師在《挖蟲草的女孩》一書中寫道：「若說『放棄』是成全一段前塵往事才能迎向未來，那麼『眷戀』則是不捨一頁過往雲煙，是否更合乎人性？」邱仁輝醫師不負初心不負醫，他的高原情緣顯然未了。

隨著視聽新科技的發展與媒體的廣泛普及，數位內容的閱聽者越來越多，紙本書籍的讀者越來越少，但是數位視聽內容最重要的三要素：故事、畫面、感動，這本書裡通通有，絕對值得細細品味。邱醫師不僅是仁醫、詩人，他也像一個充滿好奇心的田野調查學者、一名耐心守候每次遇見的生態攝影家、一位如候鳥般詩意棲居高原的文化旅人，邱醫師的付出，讓這本書更有深度、厚度與溫度，讓您讀後餘韻悠長、回味無窮。

人生就是承擔和對待，圓滿一切

人生匆匆不過百年，回首一看，有些什麼事會留在心中呢？想起來時自己會微笑的呢？能夠參與「馬背上醫生」醫療計畫的經歷，絕對是其中一件！

邱醫師是我在大學同班的好友姜靜紅女士的先生，出於對賢伉儷人品的信任，當初聽到這計畫就毫不猶豫地參與。從來沒有想過會有回報，只是跟著我的心走。我一直相信人的一生是安排好的，是來圓滿的。沒想到一下子就已經三十年。而人生有幾個三十年呢？如果檢視回顧自己的一生，能夠不自覺的滿臉微笑，這一生也就心安理得了。

非常敬佩邱醫師和王志宏先生年復一年實質的參與，用自己的生命去幫助他人，這是多麼大的願力呀！只有無所求的付出沒有實質對等的得到，捨與得在他們身上完全實踐！人的一生有多少機會或機緣能夠站在那裡伸出手就能參與這樣的計畫？這真的是我的福報。事實上我也只是有一些福報，福德。邱醫師計畫整個醫療計畫讓藏區的同胞能夠自己釣魚，而不是餵他們吃魚。這是多麼大的功德啊！

前台灣佳士得拍賣公司第一人
前蘇富比總經理
前寶格麗台灣分公司董事總經理
前寶格麗大中華區頂級珠寶總監
英國邦瀚斯拍賣公司大中華區主席
胡瑞

一個濟人的計畫，起頭已經不容易，還能夠堅持三十年！在不對外推廣，不對外行銷，只是接住有緣的人的情況之下默默的做了三十年，真是一件想起來會笑的事！

回顧這三十年來我的參與真是不多。說參與是慚愧了，我只是每年出錢，出錢就是自己有多，實在沒有什麼太大的願力和付出。二〇一七年就在疫情前邱醫師病倒了，機緣巧合知道這個消息的時候，我打電話到一個個急診室去問邱醫師在那裡？說也奇怪，居然被我找到了他在榮總的急診室。這就是他們一家的作為不會去要求別人只有自己默默的承受！看到邱醫師滿身插滿了管子，不自禁地握著他的手說若你醒來我一定會跟你去一趟藏區。近三十年來我一次都沒有去過！結果，邱醫師醒來了，真的是人在做天在看！我也必須要實踐諾言，於二〇一八年六月我們三人（邱醫師、姜靜紅和我）就去了一趟位於青海省西寧市湟中區的塔爾寺。為什麼是塔爾寺呢？因為塔爾寺有一尊藥師佛殿（大金凡殿的南側），據說邱醫師醒來前夢到的小孩可能是藥師佛的化身，所以這趟也算是還願之旅吧。在西寧的那三天經歷了日月山大雪、大雨、冰雹。在六月的夏天，老天都動容了吧！？非常奇妙的一次旅行，現在回想並紀錄這個經過時，眼睛也是濕潤的。到底我的承諾也完成了，雖然只是小小的一點答應。

感謝一切的發生，感謝讓我有機會參與，有機會做！

一事能狂便少年

自序

邱仁輝

小時候父親叮嚀：「不可以玩火，因為火災會造成家破人亡；不可以賭博，因為會傾家蕩產。」長大後，我一直遵循著父親的叮嚀沒玩火，可是唯一的一次賭博是在大陸的四川省，那次不只輸得很慘，也賭上了三十年人生的精華歲月。

在答應王志宏開始做青藏高原「馬背上醫生」醫療計畫之後，每年幾乎都將醫院的年休假投入計畫的執行。猶記得一開始前幾年的夏天，由於甘孜州當地沒有對外的通訊備，只要一上飛機出門就像失蹤了一樣，兩三個禮拜家人都無法知道我的行蹤。經常一到了康定，就急著打電話回家裡報平安，當時的電話還是要靠手搖的才能通話。更有甚者，每次出門都在七月，常常回家後才知道我一上飛機的隔幾天，颱風就來報到，我都無法幫助家人做好防颱的工作或照顧家庭，這也是我長久以來一直愧對家人的憾事。

從台灣蓮門學會募到十萬人民幣開始，「馬背上醫生」醫療計畫自一九九六年在四川省甘孜州理塘縣揭開序幕。每年上山都看到必須與大自然艱苦奮鬥的藏族牧民故事。用「與其說是落後貧窮，倒不如說是自然平實」來描述牧民的生活是比較貼切的。看著賈斯左（坑坑）執導「馬背上醫師」的錄影帶：「渺渺桑煙襯著扣人心弦的藏族音樂，馬蹄一步一腳印地踏過高原的草甸……我彷彿看到過去醫療計畫所帶給牧民的一切……風雪中，鄉村醫生的帳篷裡，牧民看著懷中小孩，臉上淌著不知是雪水還是淚水所綻放的笑容……」這幾幕我遲遲難以忘懷。

二〇〇五年木拉鄉十五歲的女孩卓瑪手腳因化膿而去打卦建議要截肢。經我們審慎評估後，決定是「以不截肢為主要目標，盡量幫助卓瑪在縣立醫院或下山到康定州立醫院醫治」。沒想到這個來自台北審慎卻堅定的決定，卻成就了一本《挖蟲草的女孩》。

「嗯嗯，不用客氣，那是應該的，你們做的是好事，老鄉（牧民）需要做的事情很多，我們做不來，你們來是替我們幫助他們。理塘縣還有很多地方沒有鄉村醫生，希望你們繼續下去。」說話的人是「曲批」活佛。他一方面讓人去拿哈達，一方面繼續著：「有了村醫，老鄉們有病都會去看他們，醫療情況改善很多，他們都很謝謝你們。你們現在做的事，以後想起來都會笑……」

隨著「馬背上醫生」醫療計畫於二〇〇九年轉移到海拔更高的青海省玉樹州。除了牧區村級醫生之後續訓練外，並支援其必要之醫療藥材與設備。即便在二〇二〇年底新冠肺炎肆虐下，計畫也藉由科技輔助遠端視訊的協助下，搭起了青藏高原與台北盆地「無遠弗屆」的教學平台。值得一提的是，許多台灣醫師如林元清、張燕娣、張冬蕙、郭勇麟、曾梓展、王亦凱、吳子聰及陳明其師兄父子，加上黃貞瑜、陳冠宇、謝秉翰、馬聖翔、邱允寧、唐青敏等年輕醫師的參與，讓計畫展現出經驗傳承與更專業更有活力的一面。

回想三十年前的青藏高原，現今擁有現代化的牧民生活與當時缺醫少藥的困境，當真不可同日而語。記得三十年前，對於自己想做的事，幾乎都可以用三年五年的時間來規畫。三十年後，藍天白雲雪山聖湖依舊但已人事全非，當時的李局長、康師父、老喇嘛西力加日等人現在都因病離世。時代變遷社會政治的影響，加上歲月對身體的摧殘，計畫不如變化，三十年後生活幾乎都以一天來計算日子。人生苦短，雖然三十年的「馬背上醫生」計畫終有結束的時候，然而「馬背上醫生」所帶來的精神與實質意義，必將迴響在青藏高原與台北盆地的每個角落。

國學大事 王國維〈曉步〉中

興來隨意步南阡，夾道垂楊相帶妍。萬木沉酣新雨後，百昌蘇醒曉風前。

四時可愛唯春日，一事能狂便少年。我與野鷗申後約，不辭旦旦冒寒煙。

三十年前星夜的一幕就像是一場跟青春的豪賭。三十年後的今天，「馬背上醫生」繼續在青藏高原的一角默默地執行，我們依然擁有著當時年輕時候熱血奔騰的「初心」。若說「人不輕狂枉少年」，那麼這場能夠堅持三十年的豪賭，是否暗示著我們依然年輕，也算不虛此生了。自從在理塘縣毛垭壩上看到白塔上的霓虹，我自己還是寧願相信看到那次的霓虹是上天要我們到那裡進行計畫的徵兆吧。那短短的三分鐘，竟成就三十年的夢想與執著。而自在一九九五年之後這幾十年來，我就不曾再看到白塔上的「霓」與「虹」了……。

誠如陽光是照片的生命，心境卻是攝影的靈魂。看著那一張張映入眼簾的照片，心隨著文字翩然的跳躍，聆聽那來自遙遠青藏高原的呼喚，我相信每個人心中總有一件一輩子想起來會笑的事情。

青藏高原「馬背上醫生」醫療計畫的故事

緣起

「馬背上醫生」醫療計畫的全名是青藏高原基層醫療計畫，簡稱「馬背上醫生」。話說我與台灣《大地地理雜誌》的特約攝影家王志宏先生，於一九九四年在大陸涼山地區不期而遇。夜裡大伙沒事，就聊天打撲克。為了提高緊張氣氛，大家決定用專業攝影的底片當籌碼；而我因為是沒賭博過的「滷肉腳」，所以不到兩個小時就輸光了帶去的所有底片……。

高山上的夜暗黑得有點高貴，繁星覆蓋的蒼穹，有著無限遐想的空間與浪漫。

「邱醫生，你是醫生，有沒有興趣去藏族地區做些計畫？」第一次見面，卻很大方的退還我所有底片的王志宏說著。

「藏區？到拉薩嗎？什麼計畫？」我一方面想著他是什麼意思，一方面盤算著台北手術的排程與年休的可能性。

「不是拉薩那裡，有興趣的話，我們明年跑一趟四川甘孜州，看看哪裡可以做。」

大概是懷著還債的心情，一九九五年夏天，我們踏上「馬背上醫生」基層醫療計畫的探路行程。

「你怎麼會想來幫助藏人？怎麼不捐款給紅十字會就好？」車上我很好奇的問王志宏。他說他跑青藏高原這些年來，拍了許多照片，覺得他們的醫療環境很不好，經常有病無法醫治而死亡，所以想幫助他們。可是捐給紅十字會，好像達不到自己原先想要的目標。

「我想我們讓每個牧民配備個藥包，這樣就可以幫他們治病。」王志宏說。

「如果不知道當地有什麼疾病，我也不知道要給什麼藥。而且藥包一發下去，大概一家人很快就分光了吧，很危險的。我們明年來做個田野調查，看看牧民的常見疾病與就醫情況。」面對一無所知的狀況，只能拿出博士班「發掘問題，解決問題」的研究態度。

於是，兩個完全不認識彼此來自台灣懵懵懂懂的小孩，靠著王志宏自台灣蓮門學會募到十萬人民幣，加上四川當地有力人士羅勇的大力協助下，自一九九六年在四川省甘孜州藏族自治區的理塘縣，透過當年全縣基礎醫療問卷調查之結果，開始經援理塘縣相關衛生醫療單位。在我們深入牧區與鄉村醫生對談過後，了解到大約一半以上的疾病因有鄉村醫生的巡迴出診，牧民不必長途跋涉的下山就醫，以往延誤就醫或病情加重的情況就少多了。由於地廣人稀，草場幅員廣大，鄉村醫生往往要騎上兩、三天的馬，才能到放牧的地方幫牧民看病，因此鄉村醫生（俗稱赤腳醫生）才被稱為「馬背上醫生」。

四川省甘孜州藏族自治區（一九九五－二〇〇八）

一九九五年夏天，我們踏上「馬背上醫生」醫療計畫的探路行程，從雲南經川藏南線川藏北線，回到台北之後才決定要在哪裡執行此計畫。途中經過甘孜州理塘縣的毛埡壩，暴雨過後初晴，突然看到曲登（白塔）後面有兩道美麗的霓虹，以優美的弧度劃過天際，剛好在彩虹落地的那一端有幾戶牧民正因為放晴而開始活動。牧民的生命，隨著彩虹的出現而律動，稱他們為「彩虹下的牧民」，一點也不為過。

隔年再度造訪理塘縣，要決定醫療計畫執行的地點時，將這「白塔上的彩虹」照片拿給當地縣政府衛生局的李局長等人看，他們很興奮的說：「我們住在這裡這麼久都沒看過這麼美麗的景象，一定是上天的啟示，要你們來這裡進行醫療計畫！」他們哪裡知道，我們已經準備把這裡當作執行醫療計畫的基地。主要是因為理塘縣是牧民集中的地區，生活條件比較困苦，相較於前藏拉薩有國際紅十字會的援助，和後藏日喀則有北京的支持，在這裡進行計畫，一方面可以直接幫助牧民，一方面比較容易追蹤計畫的成效。

一九九六年計畫開始執行，內容包括初訓、複訓、進修及個案追蹤，並持續了幾年。為了瞭解本計畫的執行成效如何，於二〇〇〇年執行了第二次上千份的田野問卷調查。結果顯示基礎醫療計畫改善了許多如個人衛生的改善及長期飲用加白土的磚茶會引起地氟病的認知等問題，這出乎預期的成果在許多牧民心中留下不可磨滅的印象，也引起了台灣有志於幫助偏鄉醫療善心人士例如辛智秀、陳鶴松、施啟智、梁玉芳、謝佳勳、魏淑貞等人的注意也加入經援的行列。甘孜州「馬背上醫生」醫療計畫到二〇〇八年一路走來，千辛萬苦的募款戰戰兢兢的執行計畫，在許多善心人士的參與下，投入約兩千萬台幣的經費，培訓了三百二十六名村級鄉村醫生，為甘孜州南路六縣（理塘縣、巴塘縣、雅江縣、稻城縣、鄉城縣、德榮縣），含括了雅礱江以西，金沙江以東，約台灣六倍大的廣大牧民，提供了重要的醫療資源與照護。

青海省玉樹州藏族自治區（二〇〇九－二〇二五）

二〇〇九年為了能夠讓「馬背上醫生」醫療計畫繼續在青藏高原執行。我、王志宏和當時是三江源環境保護協會的主管扎西多杰，相約由青藏公路進入崑崙山探訪玉樹州各縣，看是否有機會合作讓「馬背上醫生」醫療計畫能夠改善玉樹州的牧民醫療環境與健康。三江源也就是長江、黃河、瀾滄江的源頭，皆源於青海省玉樹州境內。附近有海拔四千多公尺的廣大無人區「可可西里」，位於青藏鐵路西側夾在唐古拉山和崑崙山之間。早期盜獵者大肆獵殺藏羚羊羊羔取其皮毛做成高貴的披肩沙圖什（shahtoosh）。「索南達杰」一生致力於追捕盜獵者而犧牲，以至於引起全世界生態保護的注目與崇敬。

扎西多杰出生於玉樹州治多縣城的牧區。媽媽請秋吉活佛給孩子起名，秋吉活佛選了「扎西多杰」——吉祥金剛之意，媽媽喊兒子為扎多。扎多也沿襲了他老師索南達杰的態度，對保育動物尤其是藏羚羊以及三江源源頭的生態保育可說是「鞠躬盡瘁，死而後已」。索南達杰一生致力於可可西里無人區的生態保育，對那些覬覦藏羚羊羔皮而大肆獵殺藏羚羊的盜獵者，可說是恨之入骨不共戴天。然而卻在一個嚴寒的冬夜，在逮捕盜獵者回縣城的途中，因人力不足而遭二十個盜獵者射殺在可可西里的雪地上。當時扎多也在現場目睹了這活生生的一幕，對他以後的人生有很重大的影響。每一年他還是會在崑崙山可可西里青藏公路旁的索南達杰紀念碑前獻上哈達以紀念先師。可是年復一年，紀念碑因為凍土層溶化的關係，已經快埋入地下了。

「三江源是長江、黃河和瀾滄江的源頭，是孕育整個中華文化之母。近幾年來全球暖化很嚴重，青藏高原的雪線區域是影響高敏感區，除了雪線提高外，崑崙山附近的沙漠化更加嚴重……。你看那就是野犛牛，現在已經看不太到了。」四輪傳動的越野車高速行駛在崑崙山畔西大灘，扎多說到激動處還深深地嘆口氣。在了解我們的意願與執行能力後，

「馬背上醫生」醫療計畫終於可以馳騁在廣大的青藏高原上。自二〇〇九年「馬背上醫生」醫療計畫移至海拔更高的青海玉樹州，展開牧區村級醫生之後續訓練，並支援其必要之醫療藥材與設備。許多台灣醫師如林元清、張燕娣、張冬蕙、郭勇麟、曾梓展、王亦凱及陳明其師兄父子也都積極地參與了授課課程，增進了村醫在各領域上的專業知識。

自此之後，玉樹州「馬背上醫生」醫療計畫每一年穩定地進展，直到二〇一七年十二月二十日晚上七點多我因為不明原因，最後勉強被判定「過勞」而在陽明大學的實驗室昏迷，送至醫院急診室時已經院外心肺停止(OHCA)。經過榮總醫護人員的搶救與悉心照護，竟然在十二月二十五日耶誕節的傍晚奇蹟似地甦醒過來了。醒來之前的夢境就像處在經常上班的白色長廊中，可是卻找不到出路，彷彿困在狹小的夢境裡。一如眾人的猜測，人生的跑馬燈在眼前一場場一幕幕地播放，白光在那遠遠隧道的彼端迎接著。忽然看到已經熟悉二十幾年的異象指引方向才脫離夢境。

「你昏迷的時候看到什麼嗎？」

「……在那片白色長廊中，像極了螞蟻到處嗅聞盲目焦急地尋找出口的模樣。在依舊無法打開門往長廊另一端走過去的時候，隱隱約約地，看到遠處上方有七彩的顏色。稍微走近離那有彩色的地方約莫五六步的距離，往上看在長廊盡頭左上方的角落竟盤坐一個小孩，右腳屈膝盤著左腳自然地垂下，露出青綠色的臉龐在藏紅色的袍子上，噘著嘴像頑皮的小孩用右手指一指他的左手邊，好像示意我往那個方向走去。我順著他指的方向走去，竟然是一道門，我推一推，這個門竟然開了，後來我就醒了。」

我描述醒前那麼清明的情境，接著說：

「後來我回到家找到一本西藏植物圖鑑，仔細一看中央的藥師佛是青藍色的，遠遠看去，就好像是我在夢中的長廊裡看到那青綠面龐的小孩。」

「那是藥師佛來救你了。」有人說。

「那是上帝給你的福報。」信主的雷院長說。

「對呀！我真的很幸運，醒來的時候是聖誕節也是基督耶穌復活的日子……」

我心存感謝地說著：「不管是藥師佛或是基督耶穌，都是來幫我的，我真的很感恩。」

「不過，我還有另一個說法，那就是『ischemic preconditioning』（前置缺血性處理），因為我每年都上過青藏高原，上高原的時候高原反應就是一個腦部缺血性的小小傷害，而這個傷害會誘導腦部產生很多物質與酵素來保護腦部不受傷害。在這次昏倒還沒被發現腦部缺氧的時候，身體就以為我又回到青藏高原馬上啟動保護作用，讓我的腦部盡量減少傷害……。意思就是說平常小小的傷害可以保護身體更大的傷害。」

雖然科學理論滿足了「龜息大法」的傳說，卻無法解釋神智依然清明的生命奇蹟。在急救回來做過許多檢查仍然找不到確切可能的原因，或許是上天要我暫且休息一下吧。

有趣的是，學生在知道我瀕死後醒來特地來看我，問我：「在你重生之後，人生態度有沒有改變？有沒有甚麼事情是你想完成的？」。

我幾乎豪不考慮地說：「我應該會做以前在做的事情，而且想繼續做『馬背上醫生』醫療計畫。」

為了想要再去崑崙山回應青藏高原的呼喚，也想測試甦醒後的我是否能夠承受高原缺氧的壓力，就在二〇一八年六月，拖著左腳的周邊神經因為昏迷時間過久而麻痺必須一拐一拐的行走，和家人朋友說是到塔爾寺還願，再度訪視海拔兩千六百公尺的西寧市，雖然藥師佛殿沒有開放，也在殿外誠心的磕頭還願了。上到海拔三千六百公尺的日月山，那時候的山頂竟然飄起了奇蹟似的「六月雪」。頂著輕微的頭脹吸著那清新稀薄氧氣的空氣，我知道我又能夠乘著越野車馳騁在青藏高原上了。

然而天有不測風雲，計畫不如變化，隨著二〇二〇年新冠肺炎肆虐近四年的時光，截至二〇二四年十一月全球已累計超過五十七億多例確診病例，其中逾七百多萬人死亡。雖然疾病還沒完全被控制住，但是藉著科技發展，人類的活動也漸漸重新啟動，期待回到疫情前人與人的互動狀況。「馬背上醫生」的計畫也藉由視訊的幫忙，搭起了青藏高原與台北盆地「無遠弗屆」的教學平台。值得一提的，二〇二一年的視訊培訓計畫中，有一位講師康芳瑜醫師，約十二年前還是大二的學生，找我演講「馬背上醫生」基層醫療計畫而認識。累積多年的教學相長，一批約五、六位到現在具有熱誠且有相當專業的年輕醫師已漸漸成熟，她是第一個加入「馬背上醫生」行列的生力軍。除了資深醫師吳子聰提供的豐富臨床經驗，後續還有黃貞瑜、陳冠宇、謝秉翰、馬聖翔、邱允寧、唐青敏等年輕醫師的積極參與授課。在計畫行前仔細的規畫，確實的執行與成果的呈現，這些年輕醫師的加入的確扮演了人生寶貴經驗傳承的重要角色。近三十年以來，「馬背上醫生」募集近百萬美元在藏區培訓出六百二十七人次（四百零七人）的村級醫生，減少了牧民延誤就醫的遺憾，達到解決青藏高原牧民缺醫少藥的窘境。

二〇二三年六月，應金鐘獎電視曾萬導播之求，我們幾人循著三十年前進入理塘的路線走了一趟川藏南線，高山縱谷依舊，高原反應依然。到了理塘最難得的是看到了《挖蟲草的女孩》一書中差點手足被截肢，現在已經是三個孩子的媽媽卓瑪。看著卓瑪開心地拿著她親自挖取的冬蟲夏草送給我，我看到的不是蟲草的形態如何，而是蟲草下粗糙但完整美麗的一雙手。卓瑪的小女兒拉姆還說長大她也要當村醫服務家鄉，霎時我的眼睛不禁已經濕潤了。重回毛埡壩上，草原犛牛閒適的吃草，牧民小孩在黑色帳篷外追逐，白塔上的朔風依然凜冽，吹得五色經幡搖曳不已，就像風為你念經一樣。與三十年前有霓虹相襯美麗的毛埡壩，最大的不同是白塔旁邊多了幾座又高又大的白色石墩，一排排的杵在幾經施工破壞凌亂的草壩上，說是要興建危險異常的雅林段（雅安—林芝）川藏鐵路。懷著難過的心情繞行白塔幾圈，望著曲登（白塔）我知道，深深地知道，「馬背上醫生」計畫的終點在哪裡了。

最後，謹將此書送給我最摯愛的妻子姜靜紅，小孩邱允寧，媳婦唐青敏，和兩個未來的小孫子（女），因為有他們讓這人間更美好。

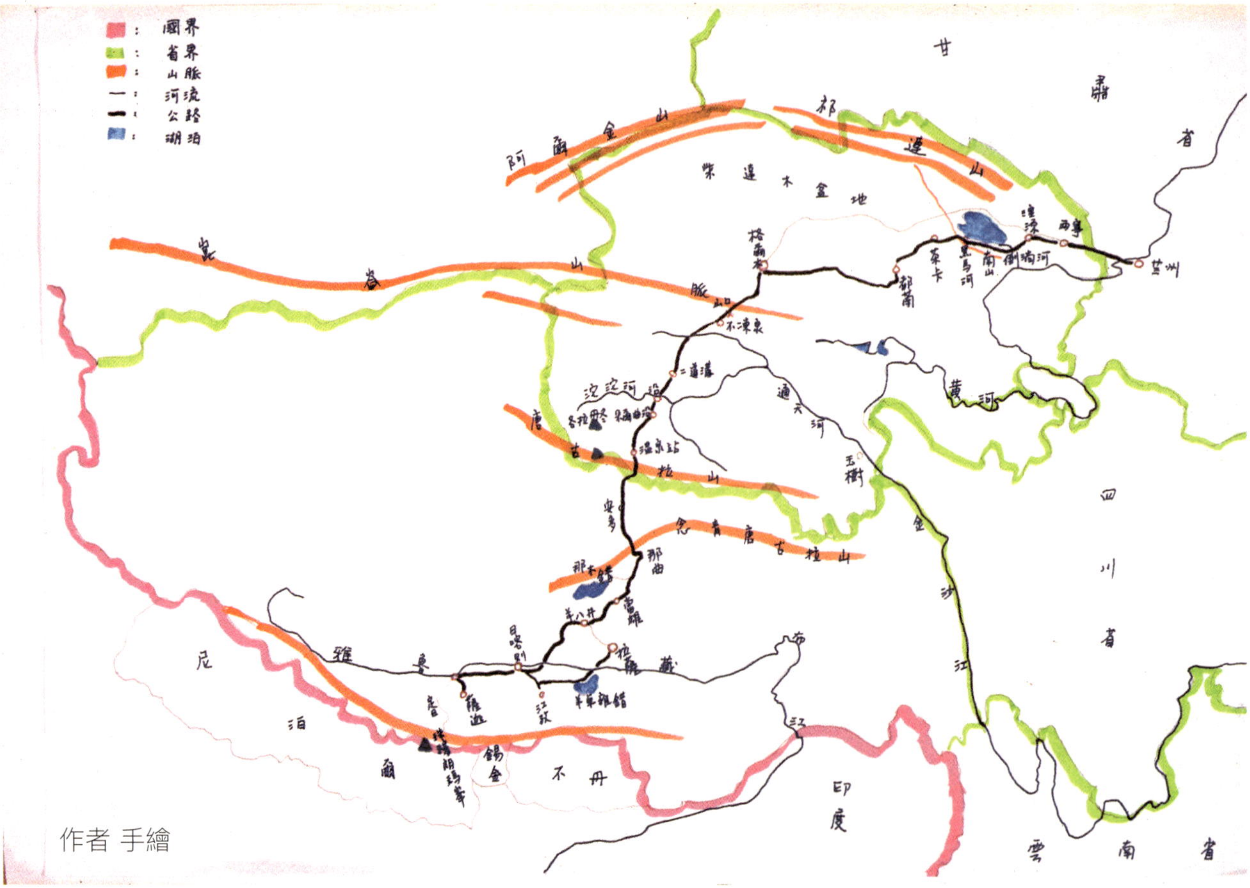
國界
省界
山脈
河流
公路
湖泊
甘肅省
祁連山
阿爾金山
柴達木盆地
崑崙山脈
格爾木
不凍泉
沱沱河
唐古拉山
通天河
黃河
玉樹
金沙江
四川省
那曲
拉薩
雅魯藏布江
尼泊爾
錫金
不丹
印度
雲南省
作者 手繪

作者簡介

邱仁輝醫師，台北市人，父親為台灣早期的外科醫師，自幼即承襲父親「劍膽琴心」的教導。高雄醫學院畢業後實習於台大醫院，任台大醫院第一屆外校實習醫生總代表。畢業後於台北榮民總醫院完成住院醫師訓練，任一般外科主治醫師。任職期間，於一九八九年完成國立陽明大學臨床醫學研究所博士訓練，兼任臨床醫學研究所副教授，並於一九九九年取得教育部部定教授資格。除此之外，並任榮總網球社社長達五年之久，期間帶領台北榮總網球隊榮獲外科醫師公會、台北市醫師公會，及全國醫院網球聯誼賽個人組與團體組的多項冠軍。

於外科主治醫師期間，有感於現代西方醫學對癌症治療的限制，乃投入中國傳統醫藥學的研究，專門研究整合醫學及針灸中藥療效機轉的探討。於二〇〇三年至二〇〇九年期間，兼任陽明大學傳統醫藥研究所所長，目前致力於整合醫學的臨床應用，於二〇〇六年開始整合醫學的教學課程與研究，並於二〇〇九年在台北榮總創設乳癌整合醫療門診，提倡「運用科學的方法來證實其療效，並達到使用安全的目的」為中心思想的癌症整合醫學。

自一九九五年開始探路起，與王志宏先生共同執行「馬背上醫生」的醫療計畫，除了提供個人的豐富臨床經驗，近年來也吸引許多有志於此的年輕醫師的積極參與授課，扮演了人生寶貴經驗傳承的角色。近三十年以來，募集近百萬美元在藏區培訓出六百二十七人次（四百零七人）的村級醫生，減少了牧民延誤就醫的遺憾，達到解決青藏高原牧民缺醫少藥的窘境。

依著絢麗的晚霞　我尋找妳
帶著忐忑企盼的心情
和忽脹忽裂的思緒
在妳一如往常的不意

沿著向晚的河畔　我觸摸著妳
看著妳呼吸一高一低地
沉沉睡去
在星夜中　低吟著千年的夢囈

隨著晨曦的輕霧　我離開妳
一條路便展開兩頭
念此時
應是你未盡的夢境
是我無期底惦記

彩虹天啟

「我們住在這裡這麼久都沒看過這麼美麗的景象，一定是上天的啟示，要你們來這裡進行醫療計畫！」理塘縣衛生局的李局長如是說。自從一九九五年在甘孜州理塘縣毛埡壩看到曲登（白塔）上美麗的霓虹異象，竟成就了三十年「馬背上醫生」的夢想與執著，只因為那短短三分鐘的傳奇天啟。

彩虹下的牧民

暴雨過後天剛放晴之際，在彩虹落地的那一端，牧民們正因雨過天青而開始活動。犛牛開始吃草，小孩追逐了起來，藏獒叫得更兇，女孩拿著竹籃在帳篷周圍活動，牧民自然而堅韌的生命，隨著彩虹的出現而律動，他們是「彩虹下的牧民」。

折多山雪地

靠近康定縣城的折多山埡口，居高臨下經常雲霧繚繞。冬天的時候因為路上結冰容易打滑出事，卡車司機經過此地時會向天空撒下一把把的冥紙，飄落在晶瑩剔透的雪地上，路旁寫著「川藏三千里，願君平安歸」的牌子，著實讓司機師傅有平安放心的感覺。

青藏高原的初雪，其實是很浪漫的。細小的雪花溫柔地灑在黑色帳篷下的羊羔上，將高原大地鋪成一片的白。三五成群黝黑的犛牛像貼紙般地貼在白色地氈上。五色經幡在雪地上顯得更加的鮮豔與溫暖。

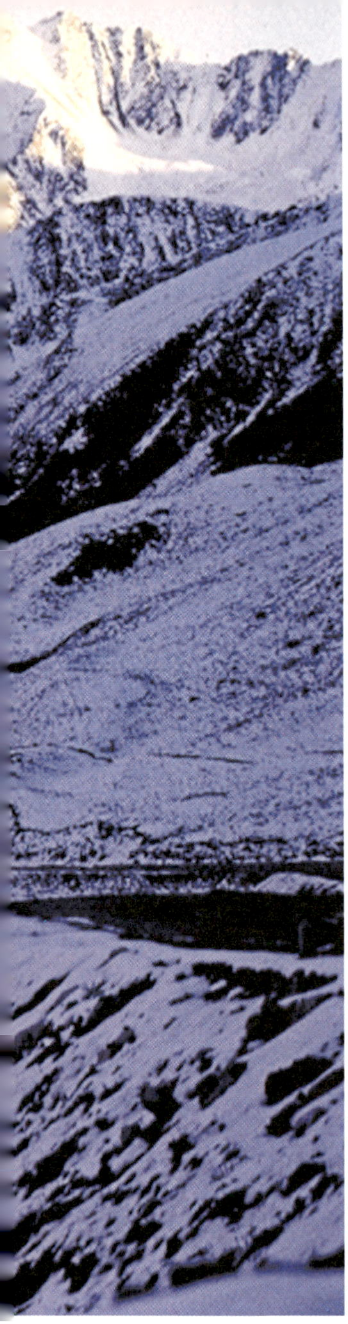

耍壩子

青藏高原牧民最閒適的生活，就是於開春之後，躺在草壩上喝著啤酒享受美好的陽光。一邊撥著饃饃一邊嚼著犛牛肉乾，細細品味口中微甜啤酒花的香味。蒼穹為幕，大地為床，犛牛與你相伴，河水為你歌唱，在在顯示出年輕、活力、自由與韌性的藏族精神，當地人稱之為「耍壩子」。

康巴

在耍壩子的時候，眼前站著一個高頭大馬，頭上紮著由右後向左前的紅巾，對我揮著手。他是「簡安達娃」，第一屆基層醫療計畫訓練出來的馬背上醫生，學習非常認真更主動提出到康定縣立醫院臨床培訓。由於並非正規醫師制度訓練出來，只能自費參加旁聽的課程，囿於外地生活所需費用很高，一袋「青稞粉」弄成的「糌粑」就是他完成旁聽課程的主食。隔幾年就聽到他已經高昇，最近的一次是他已經當鄉醫院的院長了。

壩上黃金

賽馬節時穿著豔麗的藏婦揹著竹簍到草壩上撿拾高原上的「黃金」（犛牛留下來的糞便）。由於高原上氣壓低水分蒸發快，加上草食性動物的特殊消化系統，犛牛留在草壩上一坨坨的黃金，竟是無臭無味還帶點青草味兒。等乾透了便移到帳篷角落，那便是幫助牧民度過零下四十度凜冽寒冬的維生燃料。

賽馬

在藏區賽馬節的時候，所有的馬尾巴都用五顏六色的布巾束起來，就像女孩子的「綁馬尾」髮式。數十匹馬兒在英勇騎士的駕馭下，步伐忽快忽慢時而疾走時而急停；有時快跑展臂拉弓，有時下腰拾取哈達，在在都顯示出藏族男孩與馬兒的極佳默契。

賽馬節

藏族的賽馬節通常在夏季八月，草壩上三五成群女孩秀髮上盤著鑲了紅珊瑚的金黃色髮箍，脖子上掛滿了五顏六色的寶石，加上戴著面具充滿活力的藏族男孩，為這高原上的夏日增添了幾許黃金般的璀璨與亮麗。

雪豬子

雪豬子，又叫「旱獺」，是草原齧齒科動物，在草壩上到處鑽洞築巢，是破壞牧牛草場的野生動物。由於長期生長在海拔四千公尺附近，皮下脂肪非常肥厚，跑起來臀部搖搖擺擺的，很害羞可愛卻是牧民討厭的小動物。

鄉村醫生特別會將雪豬子的皮下脂肪刮下放進一個廣口瓶中，久了之後，裡面的油脂就可以拿來當作燙傷之後的塗料，據說效果非常好。在現代醫學中，治療燙傷也有用一種用油性藥布敷貼在患處的方法，與用雪豬子脂肪敷貼燙傷患部的方法非常類似。

藏羚羊之歌

藏羚羊是青藏高原的珍稀動物。可可西里的東邊牧草肥沃，是藏羚羊的棲息地之一。冬季受孕的母藏羚羊，於隔年五月會長途跋涉向可可西里西邊，海拔約五千多米的阿爾金山山谷產子。而這個神祕山谷也就是盜獵者經常出沒的地方。七月底母藏羚羊帶著小羔羊返回原棲息地，數百公里的折騰，風塵僕僕的母藏羚羊看起來真是疲憊不堪。而公藏羚羊一直留在可可西里的東邊享受著肥沃的牧草。不過，話說回來，公藏羚羊也會因爭奪繁殖權而命喪高原呢。

神山聖湖

一入藏區最令人驚豔醒目的，就是頂著靄靄白雪的神山矗立在湛藍的天空下。瑪尼堆上的經幡隨風搖曳，像是群僧念經一般。沉默的神山靜靜地躺著，看著變幻多端的白雲，就像聽著人們訴說著那緣起緣滅的人間故事。

「哪！這是三江源頭牧民家的照片。你看多漂亮，藍天白雲神山聖湖下的景色，帳篷冒著白煙、犛牛在旁邊吃草，牧民生活就是這麼簡單，這就是天堂。」聽扎多的描述，一幅所謂幸福的景色竟活生生地出現在眼前。

1

佛像徽章

在理塘縣長青春柯爾寺的主殿有一座強巴佛（未來佛），由於座身約有三層樓高，人們都只能由祂的腳前通過。主殿後面有一供奉檀木釋迦牟尼金身的側殿。我將此兩尊的照片做成胸前吊飾從台灣帶去送給寺廟當作結緣品。寺廟的大總管「阿克登增」說這比他們自己做得還要好看，來被灌頂的信徒們都很喜歡。

夢幻西藏

西藏
你的名字
是浩瀚穹蒼的湛藍
是浮雲蒼狗的雪白
是喇嘛活佛的藏紅
是雅魯藏布的翠綠
是銅飾鎏金的澄黃

抑是
漠漠大千
潮起潮落的業障
滾滾紅塵
緣起緣滅的塵緣

多年以後
大昭依舊
小昭依然
而已是
我的夢境

蒼鷹

桑煙升起群鷹而下
喇嘛的藏紅成就了
四部醫典的白脈
黃金比例的骨骼
……
半晌，一晌
煙淡雲輕鷹群遠颺
未曾留下一絲一屑
一如完成後的沙畫
即是抹去消失之時

屋子裡的老人

低頭跨出屋子的門檻，一抬頭，望見湛藍的天和朵朵白雲，恰與屋內的景色成為強烈的對比。對於那些無法出門的病人，陪著我們度過每一天的平常景色，卻是他們夢寐以求的奢侈願望。「往診」或許是我們將所學的東西帶給他們，而他們所期待的就是往診那天的來到，因為只有在這一天他們看到了——「希望」。

藍天白雲

在藏區不論走哪一條路線，只要在車窗外看到藍、白、紅、綠、黃的五色經幡，加上藍天白雲雪山聖湖，還有那皮膚黝黑發亮笑容常開的藏族小孩，就知道已經來到了美麗的「祕境西藏」。不論在大河的渡口，山間的溝壑，路旁的白塔，曲折的公路，或是在黑帳篷裡往外看，湛藍的天空和閒適的白雲永遠是藏地最佳的背景。

悄悄地 你走進來
輕輕地 你呼喚我
暖暖地 你握著我的手
看著我 想說些什麼
……
默默地 我沒回你
靜靜地 我想睡去
可是
我想看著你
我想告訴你
在你離開的時候
……
或許
在喝下孟婆湯的時候
我會留下一口
在你遍尋我不著的那一世
讓你知道
深深地知道
我正念著你……

可可西里

可可西里位於青藏高原的東北部，是青藏鐵路西側夾在唐古拉山和崑崙山之間的廣大無人區。早期盜獵者大肆獵殺藏羚羊羊羔取其皮毛做成高貴的披肩沙圖什（shahtoosh）。「索南達杰」一生致力於追捕盜獵者而犧牲，以至於引起全世界生態保護的注目與崇敬。

索南達杰

在一個嚴寒的冬夜，索南達杰追捕盜獵者回縣城途中，因人力不足而遭二十個盜獵者射殺在可可西里的雪地上。據說，索南達杰死的時候右手持槍左手推子彈，雙眼圓睜一動也不動。「沒人敢過去，即便死了，他也令人膽寒。」當時扎多也在現場，目睹了這活生生的一幕。每一年他還是會在可可西里旁的索南達杰紀念碑前獻上哈達以紀念先師。可是年復一年，紀念碑因為凍土層溶化的關係，已經快埋入地下了。

杰桑·索南达杰烈士纪念碑
音容常在

西大灘

二〇〇九年，「馬背上醫生」醫療計畫轉向靠近可可西里的三江源。頂著不輕的高山反應行駛在青藏公路上。在崑崙山西大灘的一間小店的洗手間往外看，藍天白雲襯托下，竟有一座靄靄雪山巍峨地矗立在窗外，雪白細長的冰舌以那優美的弧線，一如絹絲般溫柔地鋪在神山的肩頭上。也就是這近在咫尺的一幕也成為魂縈夢繫每年想去青藏高原的悸動。

紅河

之前聽說進入西藏的幾條路線中，川藏公路最危險，青藏公路最美麗。由青海進入西藏會經崑崙山的沱沱河，它是長江的正源，加上南源當曲，北源楚瑪爾河共同組成長江水系。北源因其河水經年呈紅色故稱紅河（楚瑪爾河）。沱沱河與南源當曲，在玉樹州藏族自治州境內匯成通天河。

崑崙山埡口

自從青藏鐵路於二〇〇六年七月一日全線通車，最高點為海拔五千零七十二公尺。當我們由格爾木直上崑崙山埡口時海拔四千七百六十七公尺，環顧四周盡是高寒凍原頗有遺世獨立的感覺。晚上住在沱沱河沿時，徹夜無法入眠呼吸困難到極致，好不容易輾轉反側撐到天亮，一路上幾乎無法好好體會青藏線的美麗與傳說。

香格里拉

第一次聽到「香格里拉」是從小時候看的電影《失去的地平線》知道的。印象中是在大雪紛飛的高山上，轉過一個神祕隘口後竟是藍天白雲雪山環繞，人民和善的天上人間。沒想到記憶中的香格里拉，竟然在四川省甘孜州稻城縣的亞丁鄉看到了。

藏語「亞丁」，為「向陽之地」的意思，鄉內有三座經年白雪冰封雲霧繚繞的神山。最高的一座叫仙乃日，是觀世音菩薩的意思，海拔六千零三十二公尺；第二座央邁勇，海拔五千九百五十八公尺，代表文殊菩薩；第三座夏諾多吉，海拔五千九百五十八公尺，代表金剛手菩薩。三座神山之間有珍珠海、牛奶海、五色海的高山湖，山腳下有著寬闊的草壩，是牧牛羊的好草場。據說由於坐落方位和高原氣候不定的關係，同時看到這三座神山全貌的機會不多，若能同時看到全景，那麼必有神佛庇蔭。

1
2
3

帳篷

青藏高原的清晨特別地安靜，如果在不眠的夜，看盡了滿天的星子，一旦適應高山反應，青藏高原的清晨其實是很美的。從穿過兩山間細細長長的晨曦，灑在暗黑尚未甦醒寂靜無聲的高原上，白色的帳篷在陽光下顯得特別的亮麗耀眼，為寒冷的草壩添上一種「家」的溫暖。

擠犛牛奶

在曙光微露的晨曦中，藏族婦女先將母犛牛牽到一個空曠的地方，後頭還跟著一頭小犛牛。等固定好母牛，將牛奶桶放在母牛的腹部乳房下面，慢慢的按摩著乳房，脹乳之後順著勢用力將乳汁擠出來，如果不是很有力道的話，還擠不出來呢。

犛牛尾巴

牧民將犛牛尾巴上的毛用雙手搓揉成線，用骨頭做成骨針，然後將毛線穿過骨針，一針一針的縫製成黑色帳篷，花色藏毯，和日常的生活用品，讓牧民游牧在高寒的高原時有棲身之所。

帳篷內外

晨曦初露之後日頭漸漸升起，高原的生命也開始律動了起來。犛牛沿著天際線吃起含有露珠的嫩草，黑色帳篷生起的炊煙，宣告著篷內灶上的忙碌。篷外人們也小心翼翼地汲著水，生怕浪費了取之不易的水資源。

藏族女孩

「哇！哇！」村醫區達手中抱著的孩子揉著眼睛嚶嚶啼泣。就見著帳篷中身穿紅衣花裙的婦人趕快接過小娃兒，一邊搖一邊呵護著。不一會兒，大概是怕吵到大夥說話，就將裡頭的小孩都帶出帳篷。正當要出去的時候，篷外陽光斜照在女人與小孩的身上，那種景象幾乎是西方油畫裡不朽的題材，卻在平凡無奇的帳篷裡驚奇重現！

帳篷裡的美景

黑色帳篷裡最漂亮的景色，是雨後太陽晒到帳篷的時候，光線透過黑色帳篷的孔洞，將溼透的帳篷蒸發出水氣，在篷裡冉冉上升。金色的陽光灑在揪著媽媽衣角的小女孩臉上，在微揚眼角裡露出一閃一閃的光點。帳篷裡四下安靜背景全黑，只剩這一幕在陽光水氣中流著鼻涕綻放笑容的女孩圖像。

生命也如一條河流吧
儘管曲折
也能迂迂迴迴地流下去
你說
可是如今
卻來到了出海口
眼前煙波浩瀚
無邊無際
……
生活就像一片汪洋
縱使寬闊
也有屬於自己的航道
我說
哪管他無邊無際
何妨一葉輕舟
望盡千帆種種紅塵事
期待他日漸漸靠岸時

村醫學員

「馬背上醫生」提供了高原上村級醫療人員即所謂「赤腳醫生」的進修與培訓，來幫助牧民脫離缺醫少藥的困境。這種機會非常難得，所以每次培訓都有很多村醫攜家帶眷的來受訓，態度非常認真，期待著學成後能夠幫當地牧民看病。

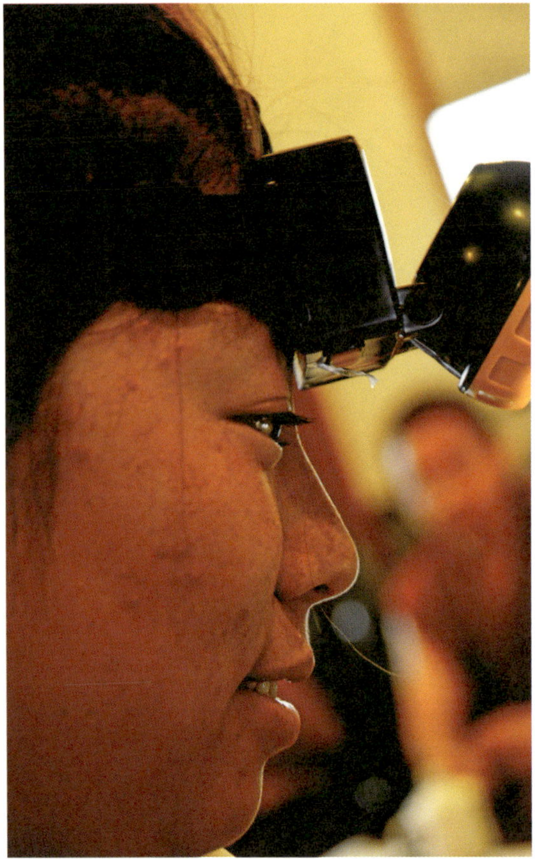

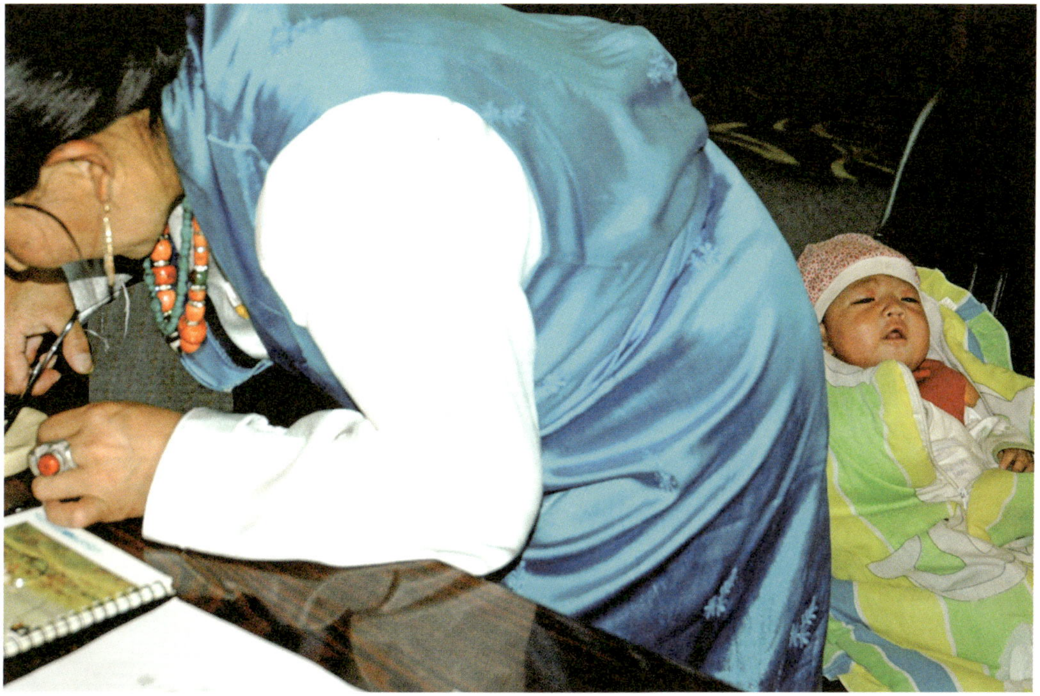

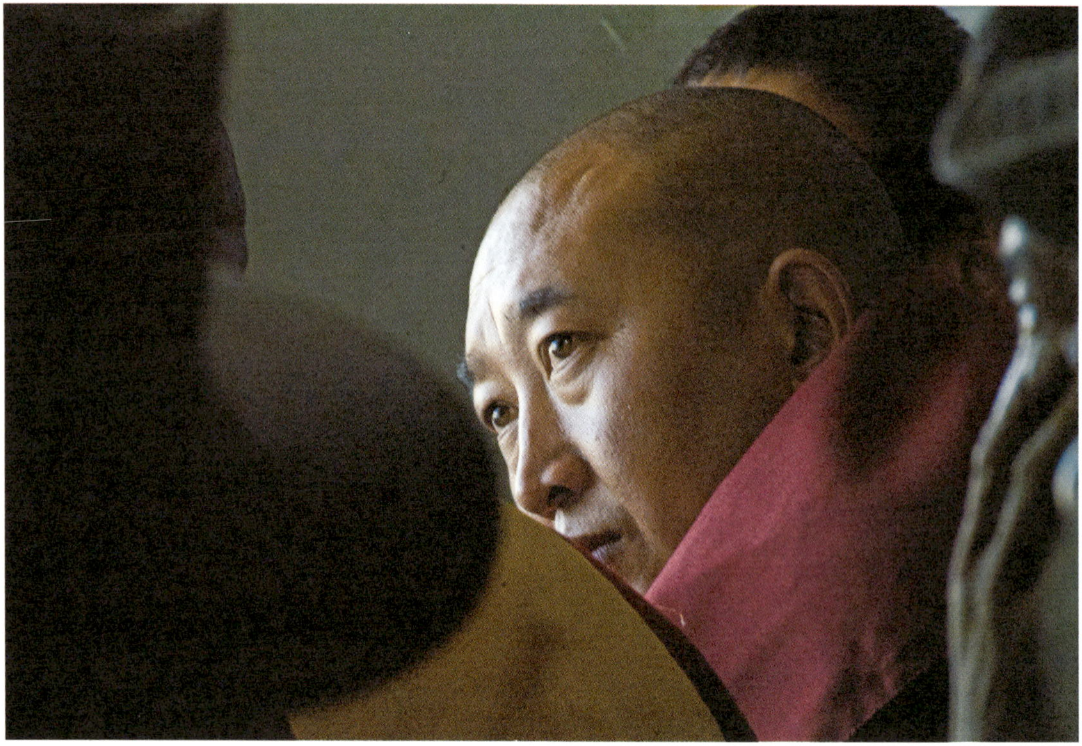

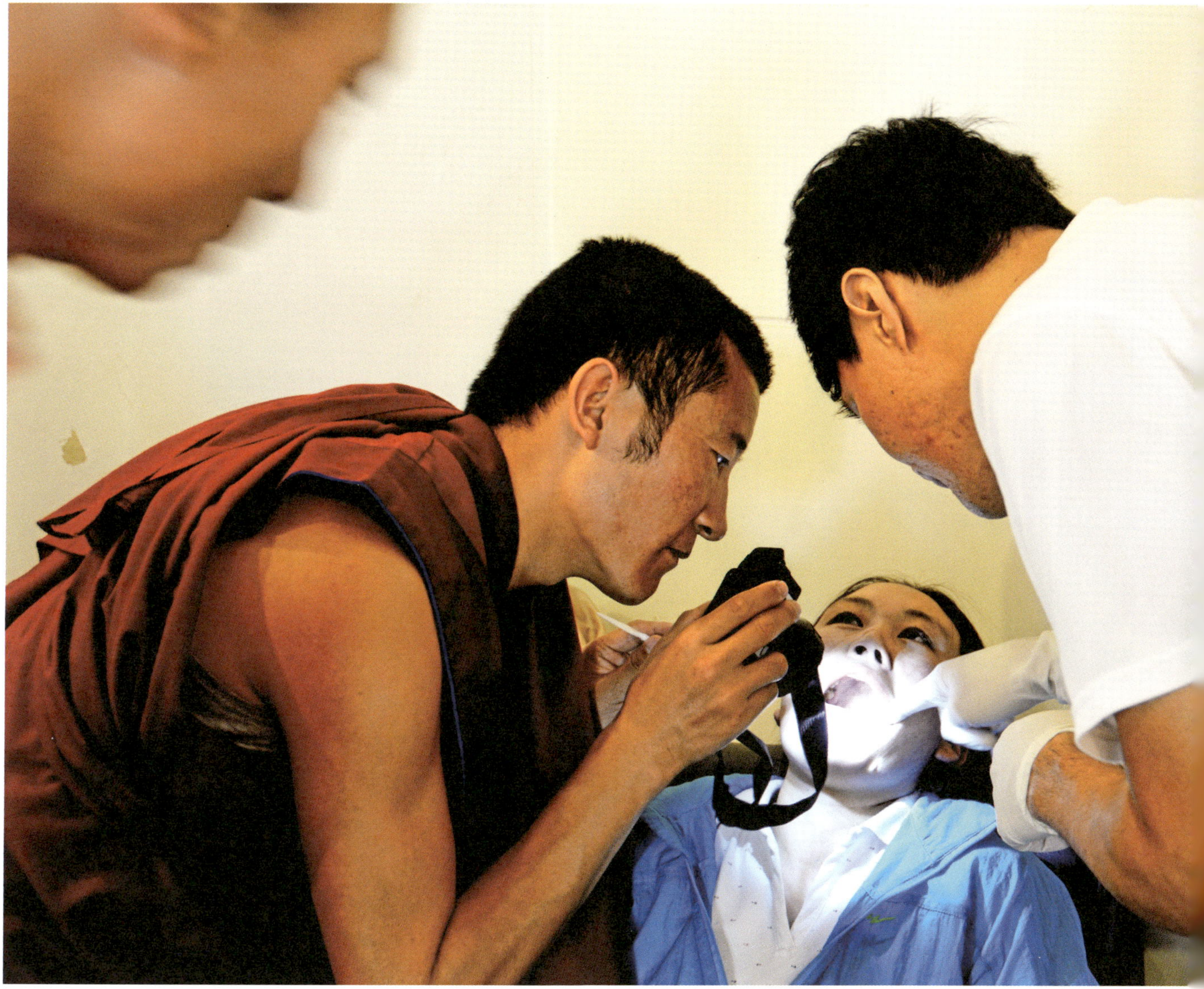

老喇嘛

西力加日是海拔四千五百公尺曲麻萊縣曲麻河鄉多秀村智然寺的喇嘛。上課學習態度非常認真。令人想不到的是關於他的一段傳言：「他以前跟我們常人一樣結婚生孩子，直到十幾年前的某一天，他去了一趟四川之後，竟然穿了袈裟回家，把他太太嚇哭了，雖然後來還是住在一起，但是隔幾年後就真的出家了。」聽了這段話後，這……我只能說四川的磁場也太強了吧！

第一次碰到西力加日是在複訓上課教他手術縫合時，他不僅帶一位小喇嘛江措縫合，還告訴我正確的縫法應該是這樣做的。「來，你把線穿過針孔，再對著人工皮縫合……」雖然大喇嘛接受過初訓，但是在小組學習的時候，也不一定都是大喇嘛能做得好。例如需要將針線穿過針眼的時候，大喇嘛毫不猶疑地馬上將針線交給小喇嘛，而小喇嘛也很爭氣地不到五秒鐘就將線穿過針眼了。

那次培訓後的一個夜晚，屋內微弱的燈光因電力不穩而忽亮忽滅。一個大大穿著藏紅袍的身影出現在走廊的盡頭，右手牽著小小身形高舉的左手，可能是膝關節疼痛之故，大大的身影走得有點步履蹣跚。我很慶幸小喇嘛因為有這麼一個好的長者帶著他，一步一步地度過人生的某一階段。

在玉樹州執行計畫十三年後，原本以為西力加日會帶著小喇嘛江措來複訓。結果只有大喇嘛出現。

「江措他因為無法忍受寺廟的生活而還俗了。」大喇嘛回答我的問題。

我發現人們對西力加日的讚譽不是平白而來的，他對自己的未來的終點是抱持著坦然接受，甚至是必然的結果，也因為有這種對生命極為尊重的信仰，他對現世的一點一滴都是非常地珍惜，更鞠躬盡瘁地將自己今生所學教給與他有緣的人。

「西力加日怎麼沒來？」

「父親因為胃癌轉移而圓寂了。」

一年後大喇嘛的女兒在複訓的時候回答著。

我想起大喇嘛極為豐富的醫療知識與經驗，在一年前，他還認真地做緊急救命術的實作與考試，此時彷彿我聽到他開心地跟急救假人（安妮）自拍後爽朗的笑聲……。

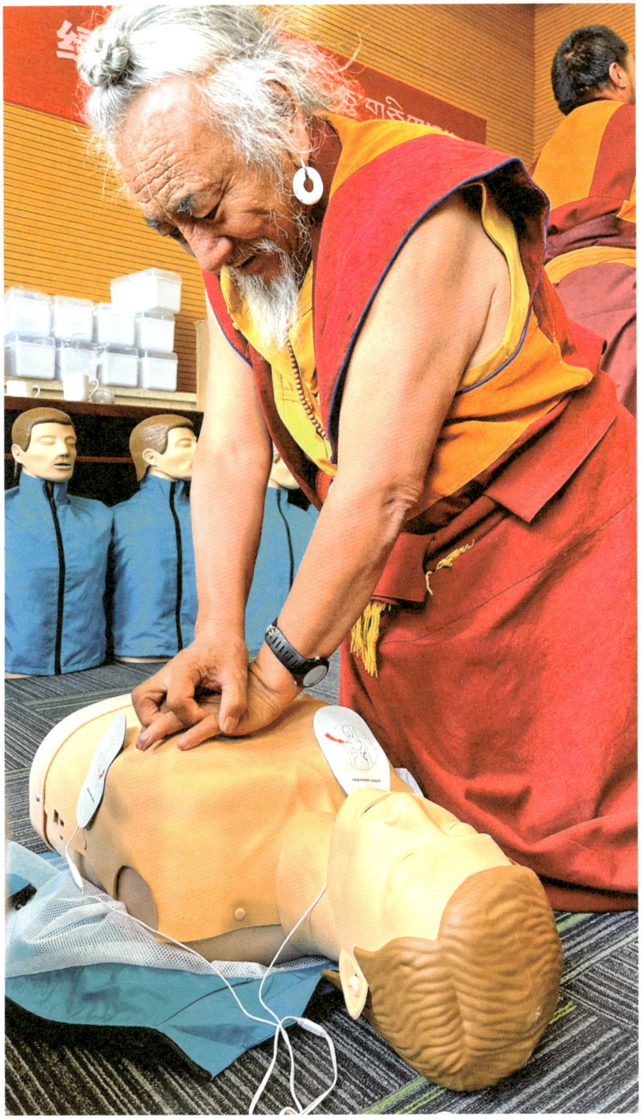

灸療

村醫尼瑪手拿著從火塘熱過的L型鋼鉤，在病患大腿上隔著紙片（或粘粑）點在穴位做灸療。之後會留下不少灸後的傷疤。我也是第一次看到用灸療來治療病人膽結石的疼痛症狀。有趣的是，我回來特別將此現象做了深入的研究，竟成就了我教授升等的文章。

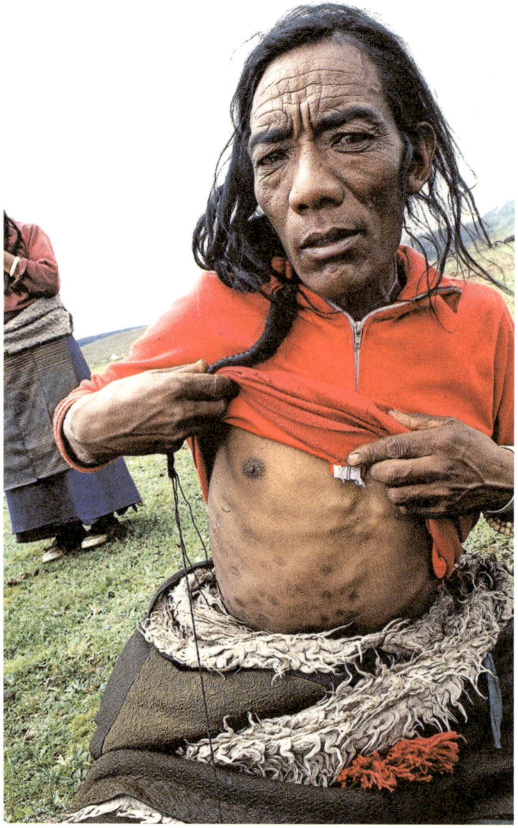

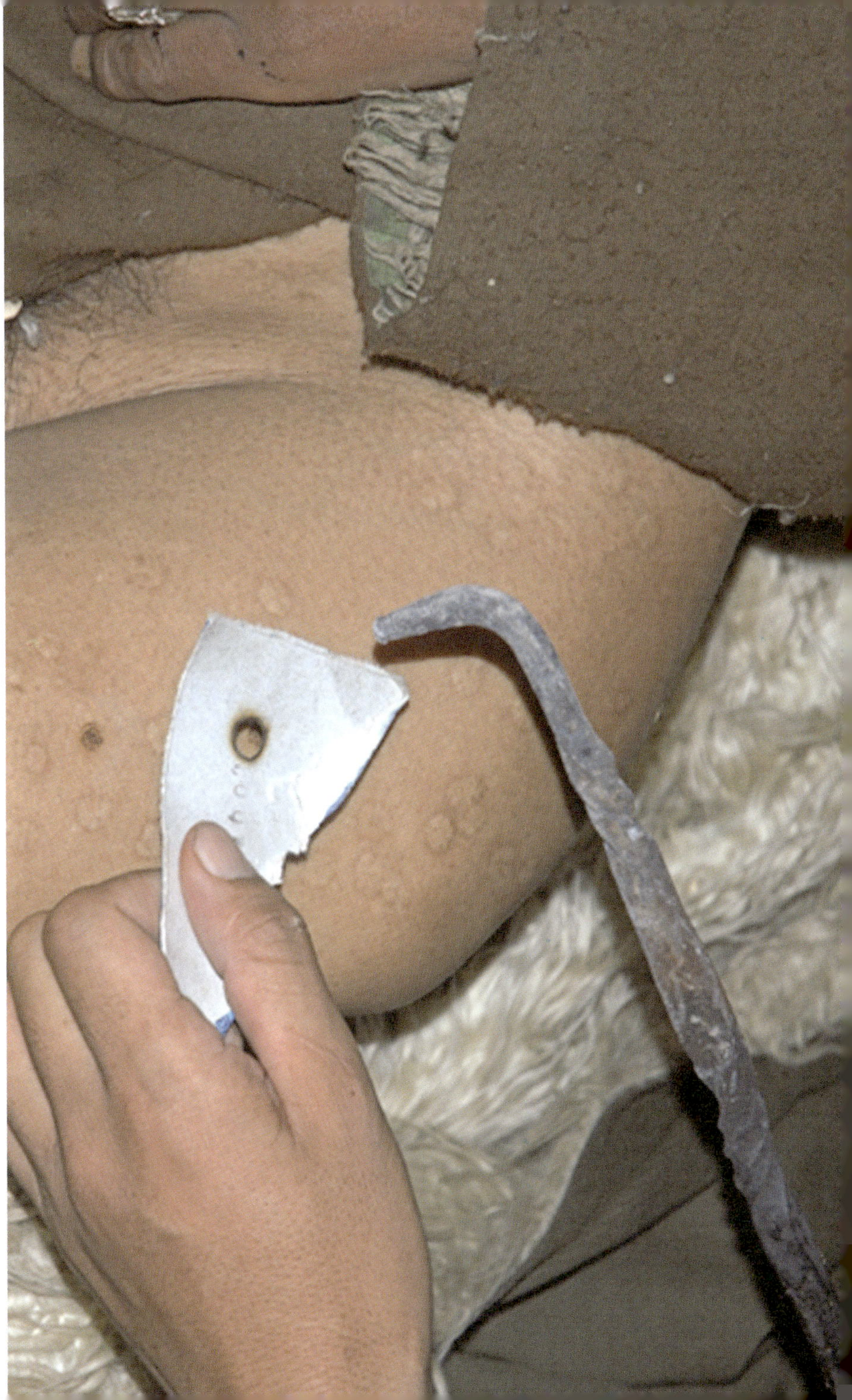

所嘎

「所嘎」是參與第一期「馬背上醫生」培訓計畫的鄉村醫生。因為是喇嘛的身分，身上經常只穿著薄薄的紅色藏袍。但在海拔四千多公尺以上的寒冷高原上，還是會裹著棉被一邊念經一邊把脈看病。

「作為一個喇嘛，為婦女接生是很矛盾的。但是看到產婦胎盤下不來，又出了那麼多血。我也管不了我是個喇嘛或是個啥子，反正救人要緊，把那個人救活，我就對了。那次救活了她，心裡也是挺高興的！」所嘎開心地說著。

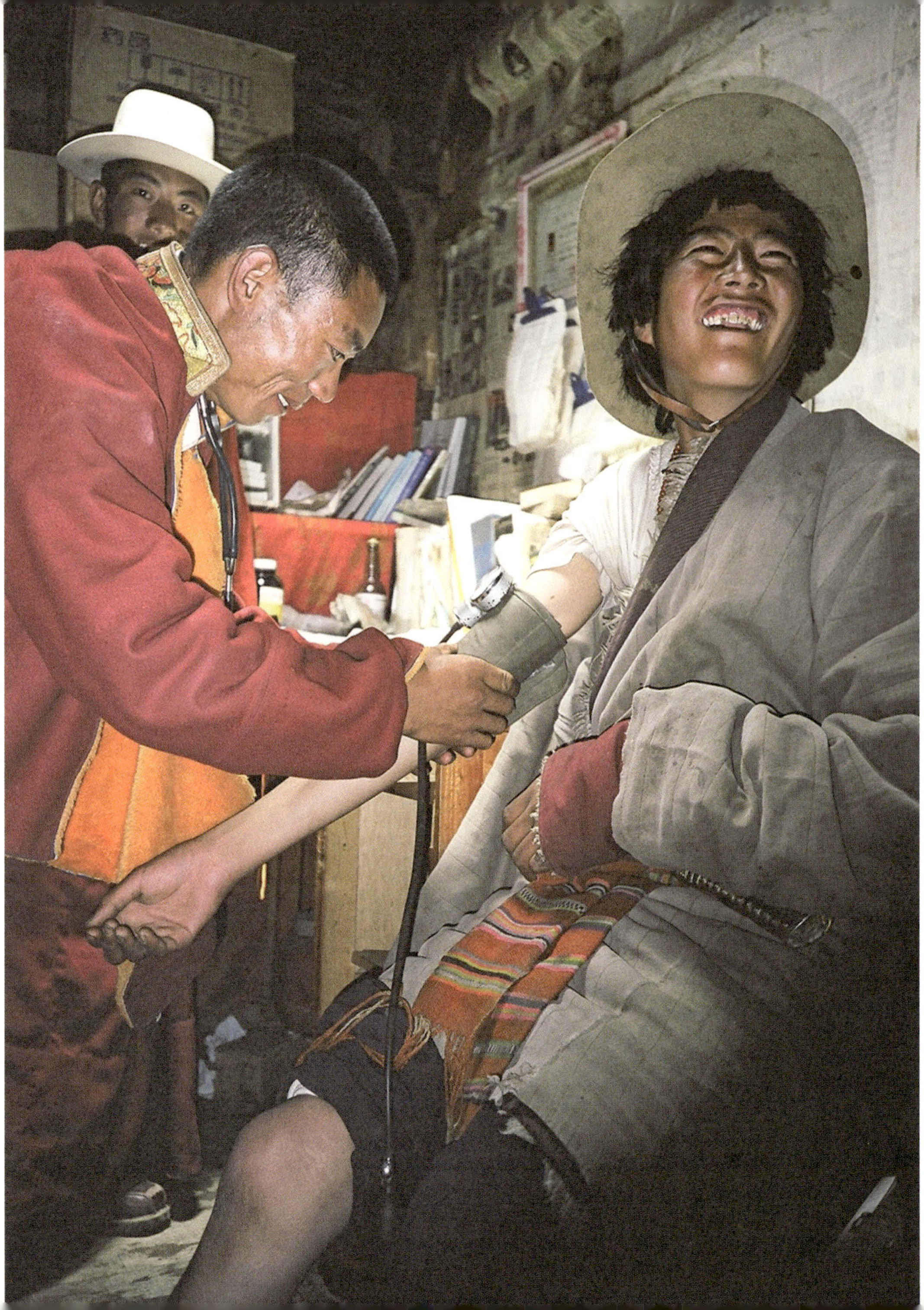

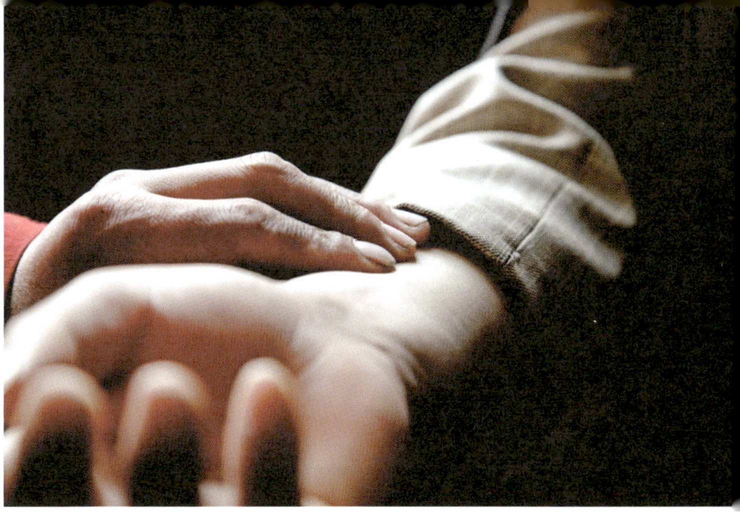

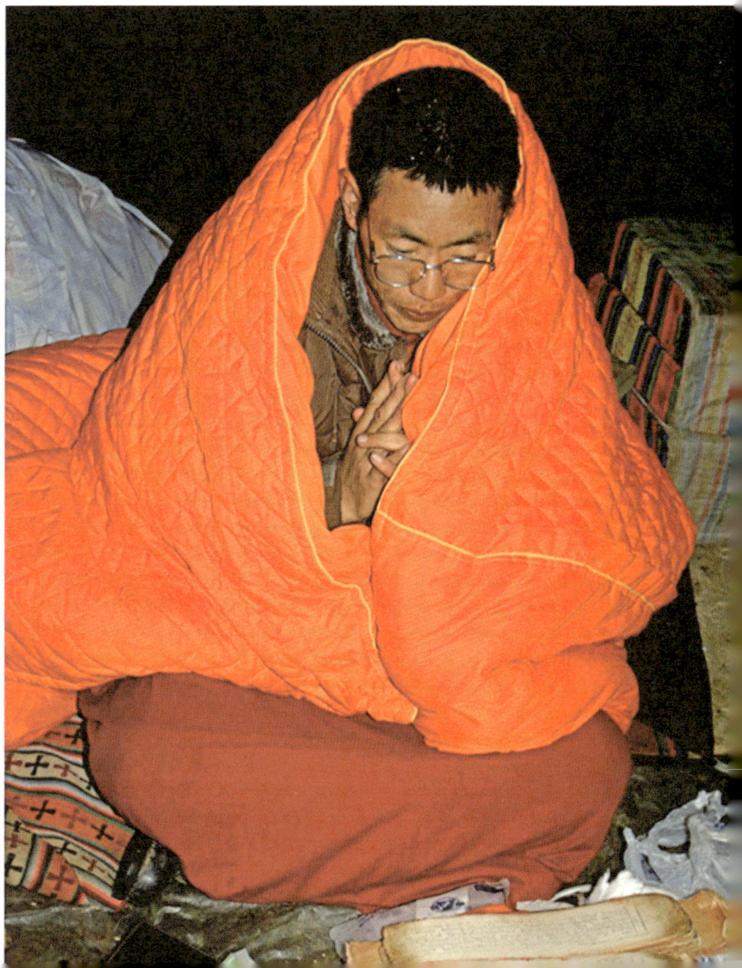

醫療站

每一次到牧區搭建醫療帳篷的時候，牧民會到各處通報說「村醫來了」。村醫尼瑪一搭起紅十字的醫療帳篷，風雪中的他笑容顯得更燦爛了。帳外已經聚集了很多不怕風強雪大來看病的牧民，小孩的鼻涕都結霜了，細雪飄在抱著小孩的婦女頭上，一顆顆的晶瑩剔透。帳篷裡尼瑪不厭其煩地看了每一個來就醫的牧民。

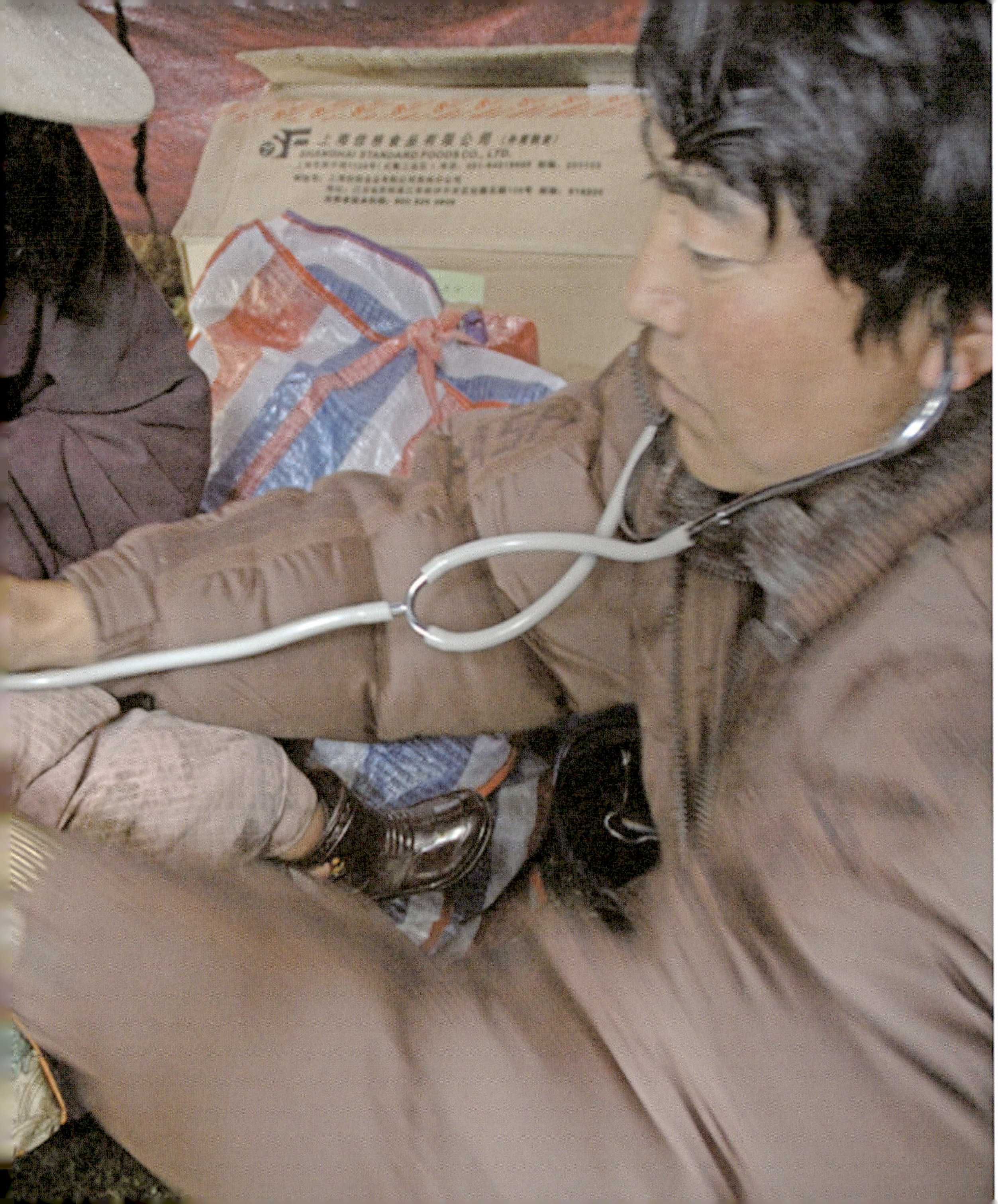

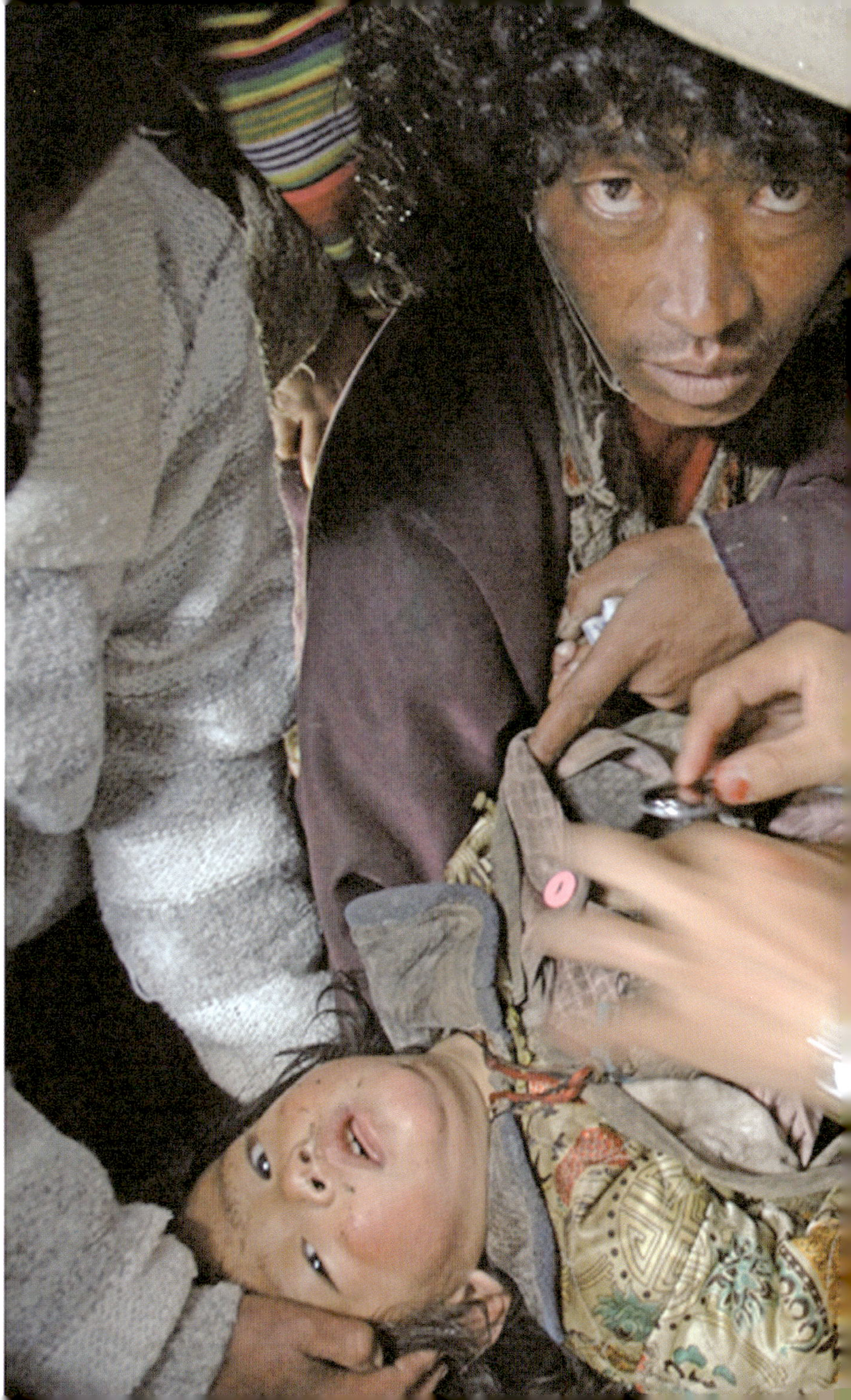

曼荼羅

曼荼羅（Mandala），又稱曼陀羅或壇城，有「輪圓具足」及「聚集」之意。代表的是菩薩、諸佛、聖者蒞臨的神聖領域，也是修持能量的中心。在陽明大學教授整合醫學之時，有位華裔印度藏醫澤仁來訪，送我一本他編撰的書，封面是「藥師琉璃光佛曼荼羅」。後來才知道，二〇一七年十二月我昏迷未醒之時，所看到指引我走出夢境而甦醒的藍綠面小孩的坐姿，竟與這圖像中的藥師佛非常相似。當時我的辦公室裡還珍藏著一幅金剛唐卡。

祈福

生活中最令人感動的是善男信女手執著香，對著香爐或上天默默祝禱，眼睛緊閉雙眉微蹙，喃喃自語於唇邊，香煙繚繞於手指，在那神聖廟宇中，人生最清明最真的一刻，凍結在頂禮膜拜的剎那。彷彿那已經過去的曾經和即將展開的未來，交錯在煙灰裊裊的一鼎香爐。在漢族虔誠如此，於藏族磕長頭頂禮於寺門亦復如是。

犛牛假牙

在壩子上訪視牧民的時候，一位藏婦帶著小孩來到跟前，說了一堆我們聽不懂的話。我問著學藏醫的藏族翻譯。「沒有啦，她要你看她自己用犛牛骨做成的下門牙，還能咬犛牛肉乾呢！」我看了一下，真的就是以犛牛尾巴搓成的線固定犛牛骨做成犛牛骨假牙。

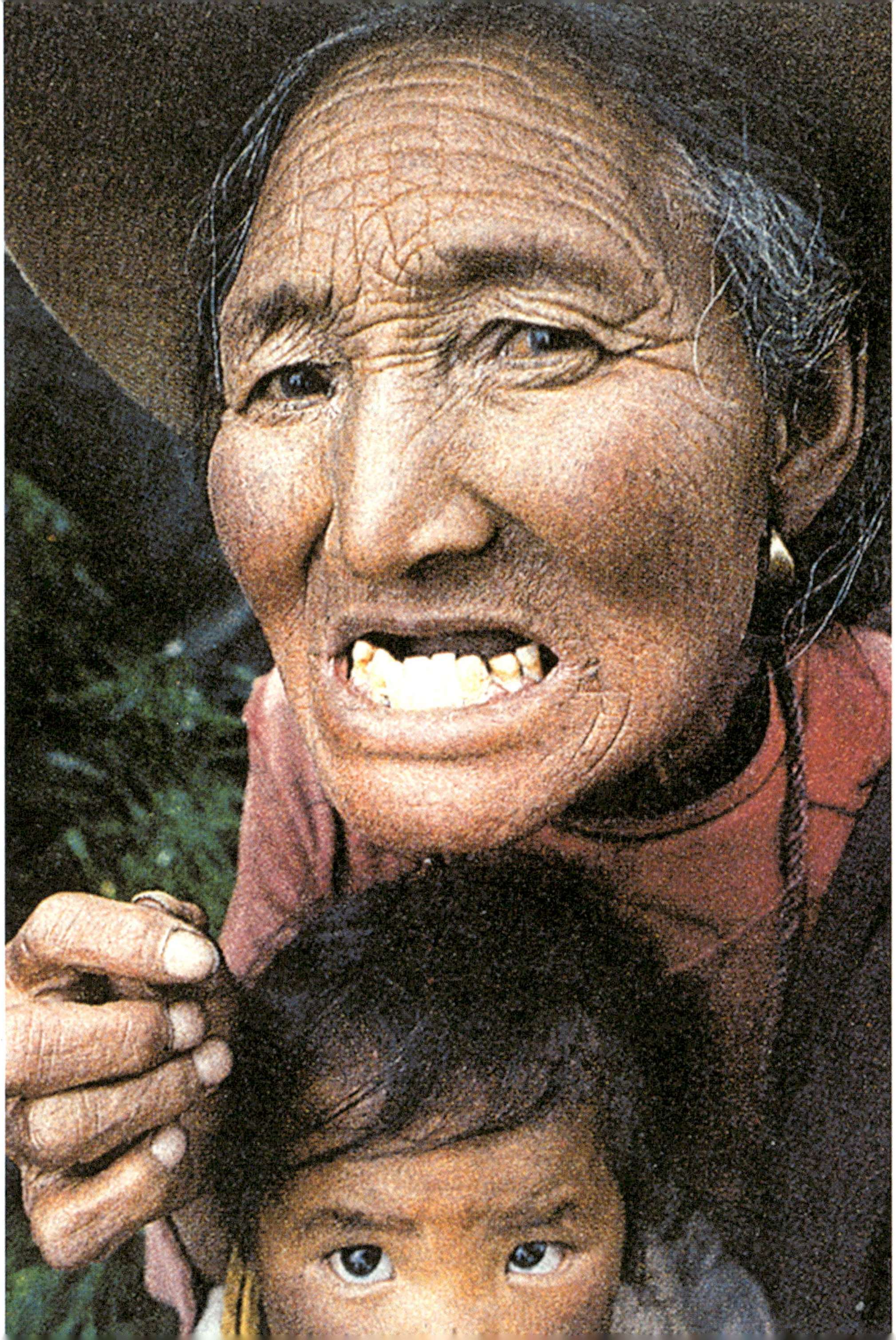

傳承

隨著二〇二〇年新冠肺炎肆虐全世界，藉著科技發展人類的活動也漸漸重新啟動。「馬背上醫生」的計畫，也藉由視訊的幫忙，搭起了青藏高員與台北盆地「無遠弗屆」的教學平台。二〇二一年的視訊培訓計畫中，有一位講師康芳瑜醫師，約十二年前還是大二的學生，找我演講「馬背上醫生」計畫而認識。累積多年的教學相長，一批約五、六位到現在具有熱誠且有相當專業的年輕醫師已漸漸成熟，她是第一個加入「馬背上醫生」行列的生力軍。

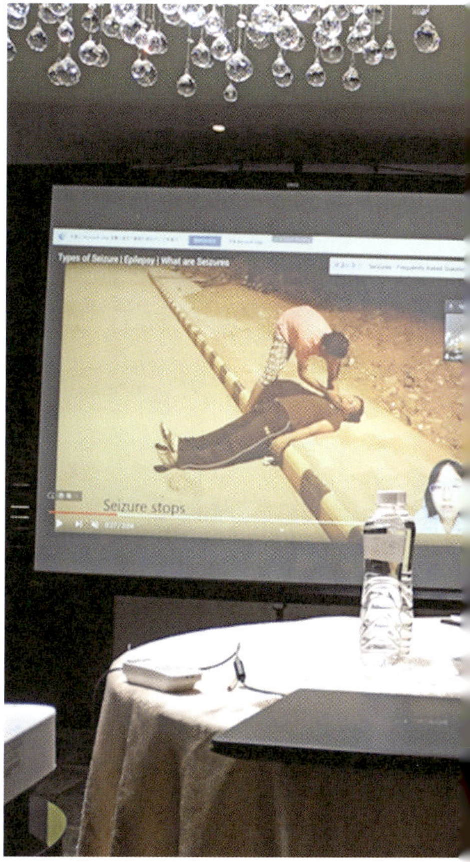
Types of Seizure | Epilepsy | What are Seizures
Seizure stops

瑪尼堆

藏區因地廣人稀，寺廟不是隨處可見。因此牧民用手堆成的瑪尼石堆，有隨時可以祈福的意思。在梵文箴言的祝禱下，祈求著脫離現世的業障，迎接來世的光明世界。彷彿那已經過去的曾經和尚未來到的未來，那來不及的後悔和等不到的希望，一塊一塊交錯成永遠的瑪尼堆。

「堆瑪尼是一種藏族祈福的方式。」來自玉樹州曲麻萊縣曲麻河鄉多秀村智然寺的「西力加日」，一位德高望重的喇嘛說。「瑪尼」在藏族文化具有神聖且獨特的涵義，深深地融入藏族生活當中。瑪尼石是一堆大小不等的石頭，上面刻著吉祥圖案佛像或經文，通常以六字箴言（嗡嘛呢叭咪吽）為主。瑪尼堆對漢族而言，有點類似土地公廟的意思。

位於玉樹縣城外結古鎮新寨瑪尼堆，又稱嘉那瑪尼石經城（嘉那瑪尼），歷經三百多年，約有二十多億塊瑪尼石，上面除了刻了許多佛教經文外，還有律法、曆算、藝術等，是目前世界上最大的瑪尼堆。大的瑪尼堆多在城鎮附近，有鎮邪驅邪的目的，小的瑪尼堆則有祈福之意。

水瑪尼

藏族人民心中存佛崇尚自然，對於神山聖水都以瑪尼供奉稱為「山瑪尼或水瑪尼」，以轉山轉經拜佛祈求神明的庇佑。一般常見的瑪尼是山瑪尼，唯獨在玉樹藏族自治州州府所在地結古鎮附近的「勒巴溝」有難得一見的水瑪尼。

勒巴溝位於玉樹縣結古鎮東三十二公里處通天河西岸的群山間。有條介於兩山的裂隙，上面飛揚著五色經幡，沿著裂隙往上延伸，原來就是以水瑪尼著名的「勒巴溝」，就是指美麗吉祥的溪。

在兩旁高聳山勢的襯托中，雪水激沖而下，與兩側山石所產生共鳴嗡嗡低沉的聲音。沿溪而下各種形態的瑪尼石，像似數千名喇嘛翻著水中瑪尼經書一般地念著法輪常轉的梵語。石上激起的細小晶瑩的水花，猶如冉冉藏香散出的星火，飄忽游移在滾滾紅塵之間。

小說《西遊記》中唐三藏西天取經時，因神龜相助才過得了通天河，但是三藏大師忙於取經忘了諮詢如來佛神龜成仙之事，導致回程再過通天河時，神龜知道無法成仙之際，一氣之下沉入水底，將唐三藏所帶之經書盡付水流。唐僧師徒趕緊撈起佛經放在岸邊岩石上晾晒，快乾之時，一陣狂風吹來，佛經滿天漫飛以致有大量佛經散落在通天河兩岸，散落的佛經經過千年的石化變成現在的的水瑪尼。

一直到現在，帶著不輕的高山反應經過玉樹州通天河，晒經石等歷史與傳說交錯的當兒，我猜想明朝吳承恩在寫《西遊記》的時候，肯定有很嚴重的高原反應，才會寫成如此迷幻玄祕的章節小說吧。

轉山

從沒有想到「西天」是這麼的遠，也從沒想過我會離「西天」如此的近。二〇〇二年馬年去轉許多人心中永遠的須彌山「岡仁波齊」。穿過廣闊的後藏無人區來到山腳下。當晚下起大雪，在沒有禦寒重裝備的準備下轉起山來。夜幕來臨氣溫驟降，躺在睡袋裡就像是躺在一座小小的冰箱裡，抖得全身都很酸很痛。憑著醫生的直覺，我知道繼續躺下去的話，就可能看不到明天的太陽了。

後藏無人區的牧民終日與帳篷為伍。很少看到外來的人。一看到我們就好像碰到親戚朋友似的說個不停。

終於站上那一般人的極限，岡仁波齊的卓瑪拉山口，海拔五千六百三十五公尺。在高呼「拉、索、索」對山神的敬語之後，回首恍如隔世的昨天，和用意志力撐過的八百公尺，倒有「既無風雨也無晴」的平靜呢。

道路的盡頭

在轉過海拔五千六百三十五公尺岡仁波齊的卓瑪拉山口下山後，走在海拔四千公尺的黃土路上，心情是無比的輕鬆寫意。無意間，看到廣大無人區的往遠方山邊的一條叉路，中間用一條細細的白繩擋住去路，據說是往邊境的最後檢查哨，由一個士兵守衛著，閒談起來，說是自願來這裡當兵保家衛國，是廣東來的。

時間是無盡的長河
在此時留下了短暫的片刻

所有歡笑 憂傷 欣喜 惆悵
都將在這裡
落幕了
不管跌倒 鬱悶 悔恨 失落
且擦乾盈眶的淚水
綻放燦爛底笑容

空間是無際的蒼穹
誰在這裡駐足
那些所謂底曾經
總在夢裡
交織成美麗的圖案

在即將離開的時候
總會留下些許的回憶
回憶是我單程的車票
我帶走的行囊
留下的是

滿天的星子
和一個不眠底夜

三十年前後

回想三十年前青藏高原缺醫少藥的困境與如今擁有現代化的牧民生活相比，當真是不可同日而語。戴著酷酷墨鏡的牧民和把玩著相機的喇嘛，都顯示著時代快速的進步。然而面對路邊依著身旁磕長頭的母親有樣學樣的小小孩，我知道藏族純樸敬天的精神將永遠傳承下去……。

Phenix
DC505
PHENIX

蜀道難

「蜀道之難，難於上青天。」詩人李白千古絕唱的〈蜀道難〉，道盡了川陝古棧道的險峻與危險。三十年前的川藏公路是我們每年進入理塘縣必經的可怕夢魘。三十年後穿過一座座似夢如幻(cyberpunk)隧道的G 318(川藏南線)竟成了全國最美麗的公路。

長青春柯爾寺主殿燒毀

二〇一六年夏天，突然接到理塘縣長青春柯爾寺大總管「阿克登增」的電話與傳來的照片，說是寺裡的主殿在年前時，可能因為電線被老鼠咬壞而走火，造成主殿被一場大火吞噬而全毀。言談之中沒有抱怨遺憾，反而有一絲淡然的平靜，真的達到「緣起緣滅，真空妙有」的境界。

綠松石與珊瑚

藏族的傳說中，男孩多杰外出打獵超過要回來的時間，非常擔心的女孩拉姆哭到淚水變成紅色血水。一天傍晚多杰突然回來了，對拉姆說：「我追一隻藏羚羊追到海子邊。那裡湖水很藍，可是卻找不到路回來。經過佛祖的指引才得以回來。你看，那海子裡有這種石頭，我撿一顆回來送給妳。」說著就把從海子帶來的綠松石，與拉姆胸前以淚水變成的珊瑚串成一串。這就是藏族女孩胸前都會戴著綠松石與珊瑚掛飾的原因。

水晶孔

世界有名的藝術家水晶孔（Crystal Kung，孔思雯），曾經參與藍天工作室(Blue Sky Studios)及皮克斯(Pixar)的角色設計。目前任職 The CAT Agency。特別為「馬背上醫生」醫療計畫的募款餐會提供了美麗的畫作。

回家的唐卡

在理塘縣城無意間得到一幅老唐卡，中間畫有手轉法輪印結跏趺坐（金剛坐）的釋迦牟尼佛，兩旁下面有兩尊直立的菩薩像，四周還環繞著兩百尊一樣姿勢的小佛像都是金身金面。令人印象深刻的倒不是這些描金佛像，而是那覆蓋唐卡的絹絲與陣陣傳來的藏香，讓人覺得身心無比舒暢。

在台北看著這幅唐卡，不知道祂從何而來，也不知道它將會流落何方。祂可能只是外地收藏家的一幅小小收藏，卻是當地牧民一生的依靠或是幾輩子的牽掛。總覺得祂應該留在屬於祂的地方——青藏高原。

在二〇一四年的夏天，在台北將這幅老唐卡小心翼翼地打包好，想將祂送回長青春柯爾寺。在從雅安到康定的途中，竟然碰到由康定去雅安長青春柯爾寺的「曲批」活佛。就在馬路上，親手將這幅流落在外的老唐卡，交給活佛帶回寺廟裡供奉。回台北的家裡，想起活佛對我說的話：「有了這個計畫醫療情況改善很多，牧民都很謝謝你們。你們現在正在做一件以後想起來會笑的事情……」

石蟲草

「砰！」一聲清亮的敲門聲，「馬背上醫生」醫療計畫的藏族工作人員歐要手中拿著一顆約兩個小孩頭大的石頭進門來說：「快來看，這是石蟲草，很難得的。」在石頭中間凹陷的地方，竟兀自地冒出一根長長黑黑的東西，根據歐要從找到這顆石頭牧民的說法應是「冬蟲夏草」，只不過它由石頭中長出來，又叫石蟲草。

挖蟲草的女孩

二〇〇五年十五歲木拉鄉的卓瑪手腳都化膿而去打卦建議要截肢。經由我們審慎評估後，決定是「以不截肢為主要目標，盡量幫助卓瑪在縣立醫院或下山到康定州立醫院醫治」。沒想到這個來自台北審慎卻堅定的決策，卻成就了一本《挖蟲草的女孩》。

二〇二三年，再度造訪理塘縣碰到卓瑪，已經是三個孩子的媽媽。見面後，特別拿出她趴在高寒的凍原上採挖的蟲草給我。看著肥美的蟲草平鋪在美麗母親的手中，那完美無瑕的手指讓我想起二〇〇七年我夢到卓瑪，夢中她留下了一張字條：「你們雖然不能給我另一個生命，卻讓我在往後沒有殘缺的人生中，開啟了另一篇美麗的樂章……謝謝你們！」

ミルク

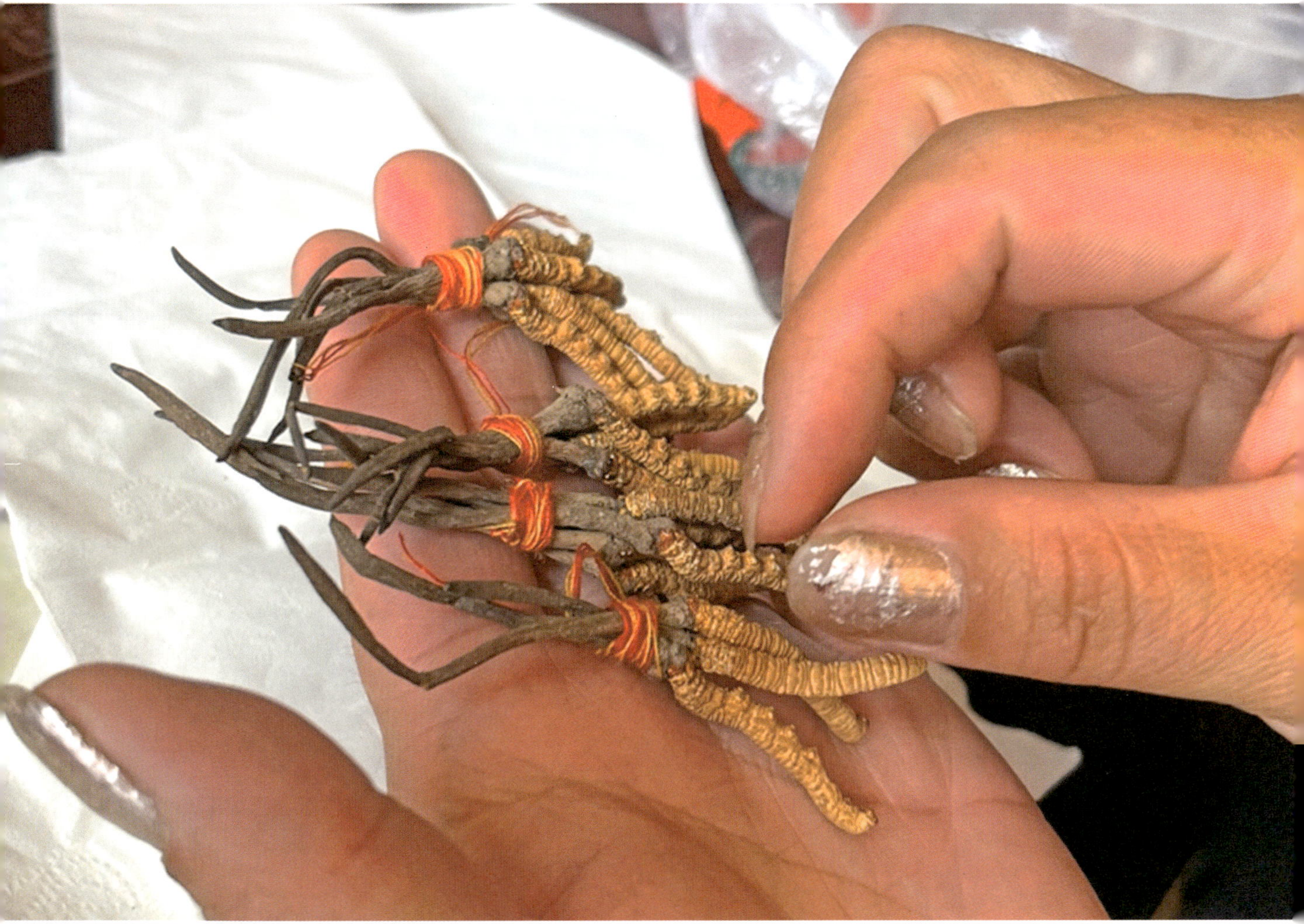

風為你念經

藏區的曲登（白塔）附近有許多藍、白、紅、綠、黃的五色經幡。旁邊有很多瑪尼石上面刻著不同的經文，有些還有五顏六色的圖騰與佛像，在藍天白雲襯托下，顯得特別地鮮豔與醒目。白塔附近的風特別大，吹得五色經幡像攤開來的經書，迎風飄曳。經幡上的經文加上佛像與法器飄揚在空中，映著白塔後面的雪山，真有如「風在為你念經」的感覺。

曲登下

「為什麼曲登下面有很多白骨，看起來好嚇人喔。」牧區小女孩很害怕的問。她跟著奶奶沿著白塔外圍繞行的時候，突然看到旁邊有像動物的白骨，上面還寫著藏文。

「不要害怕，那是小羊的骨頭，那些是雪豬子（旱獺）的骨頭，還有些是犛牛的頭骨。他們都是動物，這輩子讓人們吃了，可能下輩子就因這輩子替我們做好事，就會投胎成為像我們一樣的人囉。他們死後，人們把牠們放在這裡，就像是謝謝牠們，替牠們超度的意思。」奶奶一邊走一邊回答。

致謝

四川省甘孜州衛生局、理塘、巴塘、雅江、鄉城、稻城、得榮縣衛生局局長與局裡工作人員。李代昌局長、王豫玲局長、謝蓉、康長青、桑多、向巴、地伯、馬海

計畫創始人：王志宏

蒙藏委員會

計畫創始贊助：台灣蓮門學會

計畫工作人員與協助朋友：鄧珠、賈斯左（坑坑）、林楚安、郭莉臻、蔡碧珠、肖斌、伍萍、羅勇、張帆、李旭

中華藏友會理事長：辛智秀、陳鶴松、胡瑞、張國富

青海省三江源環境自然保護協會：扎西多杰、歐要才仁、劉盈、加娃、多加、更邱堅贊、邱華絨吾、白馬堪卓、扎西東周，及參與「綠色健康」及「馬背上醫生」複訓的所有三江源本土環保鄉村醫生

培訓講師林元清、張燕娣、張冬蕙、郭勇麟、曾梓展、王亦凱、吳子聰、巫春蓮、陳明其父子、康芳瑜、黃貞瑜、陳冠宇、謝秉翰、馬聖翔、邱允寧、唐青敏

中華藏友會工作人員：施啟智、謝佳勳、黎美蓮、劉正勝、魏淑貞、洪美惠、李淑娟、楊慰芬、李志勳、葉淑芬、林臣英、戴敏雪、吳昭榕、汪佩、呂淑媛、王文茜、梁玉芳、辛麗津、王慧如、劉縈燕、陳怡卉、姜靜紅、陳翠英

陽明大學公衛所周碧瑟教授：問卷的設計與分析

陽明大學傳統醫藥研究所碩士：呂盈葦

台北榮總一般外科：戴玲真

做一件一輩子想起來會笑的事

——邱醫生「馬背上醫生」三十年全紀錄

作者 邱仁輝
發行人 劉鋆
美術設計 胡發祥
責任編輯 廖又蓉
法律顧問 達文西個資暨高科技法律事務所
出版者 依揚想亮人文事業有限公司
經銷商 聯合發行股份有限公司
新北市新店區寶橋路235巷6弄6號2樓
電話 02-29178022
印刷 禹利電子分色有限公司
初版一刷 2025年6月／精裝
定價 950元
ISBN 978-626-96174-8-7

國家圖書館出版品預行編目 (CIP) 資料

做一件一輩子想起來會笑的事：邱醫生「馬背上醫生」三十年全紀錄
/ 邱仁輝 作：
-- 初版 . -- 新北市：依揚想亮人文事業有限公司，
2025.06 面； 公分
ISBN 978-626-96174-8-7(精裝)
1.CST: 邱仁輝 2.CST: 醫師 3.CST: 回憶錄

783.3886 114006984

邱仁輝 作品
2013／《高原台北青藏盆地：邱醫生的處方箋》
2021／《隧道96小時－邱醫生的明日傳奇》